HENNING RITTER

DIE SCHREIE DER VERWUNDETEN

HENNING RITTER

DIE SCHREIE DER VERWUNDETEN

VERSUCH ÜBER DIE GRAUSAMKEIT

C.H.BECK

Mit einer Abbildung

 | Satz aus der Stempel Garamond und Avant Garde Gothic bei Fotosatz Amann, Aichstetten | Druck und Bindung: CPI, Ulm | Umschlaggestaltung: Kunst oder Reklame, München | Umschlagabbildung: Antonio Spandri, Schlacht von Solferino, 1849, Museo del Risorgimento, Brescia. © akg-images/De Agostini Picture Library/Alfred Dagli Orti | Gedruckt auf säurefreiem, alterungsbeständigem Papier (hergestellt aus chlorfrei gebleichtem Zellstoff) | Printed in Germany | ISBN 978 3 406 64556 3 | *www.beck.de*

FÜR ANNA

VORWORT

Julien Sorel ist in Paris in der großen Gesellschaft angekommen. Er verkehrt im Haus de la Mole und macht Mademoiselle den Hof, so kühl, wie es sich für einen Dandy gehört. Bei einem Ball lernt er Graf Altamira kennen, der sich in Italien an einer Verschwörung beteiligt hatte und deswegen jederzeit ausgeliefert und zum Tode verurteilt werden kann. Mit ihm spricht Julien über die Ungeheuer der Revolution und über die Grausamkeit, die unerläßlich sein kann, um sich eine einflußreiche Stellung zu erobern. Alles sei beherrscht vom Parteigeist, erklärt Altamira, es gebe im neunzehnten Jahrhundert keine wirklichen Leidenschaften mehr. Deshalb langweile man sich in Frankreich auch so. Dann folgt der kapitale Satz: Man begehe die schlimmsten Grausamkeiten – aber ohne Grausamkeit.

Aber dadurch werde doch alles nur noch schlimmer, wirft Julien erregt ein, wenn man Verbrechen begehe, solle man an ihnen wenigstens Vergnügen haben. Das sei das einzige Gute an ihnen, nur aus diesem Grund ließen sie sich ein wenig rechtfertigen. Damit gibt er Graf Altamira das Stichwort zu einer Rede über die Leidenschaften im neunzehnten Jahrhundert: Alles tue man ohne Genuß und ohne sich daran zu erinnern. Bei einem Ball, sagt Altamira, könne er Julien zehn Leute zeigen, die eigentlich als Mörder verurteilt sein müßten: «Sie haben es vergessen, und die Welt auch. Einige von ihnen sind zu Tränen gerührt, wenn sich ihr Hund die Pfote bricht.» An ihrem Grab rühme man ihre ritterlichen Tugenden und die großen Taten ihrer Vorfahren. Altamira verspricht Julien, ihn eines Tages mit acht oder zehn Mördern, angesehenen Personen, die von Gewissensbissen völlig frei seien, zum Essen einzuladen. Sie beide wären dann die einzigen, die sich nicht mit Blut befleckt haben, aber man werde sie verachten, man werde ihn als «blutrünstiges jakobinisches Ungeheuer» behandeln und Julien als einen jungen Mann aus dem Volk, der in die gute Gesellschaft eindringt.

Altamira spricht mit der Stimme des Verfassers von *Rot und Schwarz*, der sich in der Gesellschaft der Restaurationszeit wie ein Exilierter fühlte und sich nach Italien, in das Land der Leidenschaft, zurücksehnte. Kaum hatte das von Stendhal verabscheute Jahrhundert begonnen, erschien eine Gesellschaft, die ihre revolutionäre Vergangenheit vergessen wollte und nur fürchtete, eines Tages könnte wieder ein Robespierre aus der Provinz kommen. Wieder werde es jemand sein, der aus bescheidenen Verhältnissen stammt und eine zu gute Erziehung genossen hat, um ohne Ehrgeiz zu sein, aber nicht reich genug, um eine große Karriere zu machen. Es ist die Geschichte von Julien Sorel, der die Leidenschaften in sich trägt, die die Gesellschaft unter dem Mantel des Vergessens und der guten Sitten verbirgt. Der Kult der Leidenschaft war es auch, der Stendhal nach Italien und ins Gefolge Napoleons geführt hatte, auch dies eine Flucht aus der Zeit, in der zu leben er verurteilt war und gegen deren Leidenschaftslosigkeit er protestierte. Im neunzehnten Jahrhundert wollte man alle Dinge geschäftsmäßig erledigen, sogar bei den grausamsten Taten sollte sich der einzelne nicht die Hände schmutzig machen müssen.

Mit der Formel «Grausamkeit ohne Grausamkeit» gelang Stendhal eine bedeutende Prognose auf das Jahrhundert, das alles dem Nutzen unterordnen wird, dessen Kalkulationen die Leidenschaften verstummen lassen. Am 19. April 1805 notiert Stendhal in seinem Tagebuch, daß von den drei oder vier reizvollen Dingen im Zeitalter Ludwigs XIV. ein einziges überdauert habe: das Geld. Für die gefühllosen Menschen der Gegenwart sei das Leiden langweilig geworden. Um Mitleid zu empfinden, seien sie zu bequem, denn dafür müßten sie sich in andere hineinversetzen, die sich in ihnen nicht wiedererkennen. Dieser Erstickung der Gefühle wollte Stendhal mit einer Philosophie entgegentreten, die er als sein «System der Heiterkeit» bezeichnete, aber nie ausgeführt hat. Sein Wunsch, die Leidenschaft wiederzubeleben, fand nach seiner Flucht nach Italien den Weg in seine Kunstverherrlichung. In der italienischen Malerei seit Raffael fand er die Gefühle wieder, die er in der Gegenwart vermißte. Selbst die zeitgenössische Kunst, von der er erwartete, daß sie sich an die großen Darstellungen der Leidenschaften in der Kunst der Vergangenheit anschließen würde, zeigte die Gefühlskälte des neunzehnten Jahrhunderts. Canova, Rossini, Cimarosa gehörten für Stendhal zu den wenigen Künstlern der Zeit, die sich von der Angst vor der Leidenschaft, vor dem Einfachen und den starken Affekten nicht anstecken ließen.

In seiner Kritik des Salons von 1824 hat Stendhal seine Diagnose der Unfähigkeit der Zeit, starke Affekte darzustellen, noch einmal überprüft, als er ein Gemälde des französischen Malers Léon Cogniet besprach. Seine «Scène du massacre des innocents» zeigt im Schutz einer Ruine eine Mutter, die ihr Baby an sich drückt und ihm die Hand auf den Mund preßt, damit die sich nähernden Schergen des Herodes nicht auf sie aufmerksam werden. Es ist kein Historienbild, das an den Bethlehemitischen Kindermord erinnern will, vielmehr soll der Betrachter glauben, eine Szene im Palästina der Gegenwart vor sich zu haben. Er soll sich in eine lebensgefährliche Situation hineinversetzen, die zwar in der Ferne spielt, aber doch seine ganze humane Aufmerksamkeit und Teilnahme fordert. Cogniets Bild ist eine Schreckensmeldung, wie die Zeitungen sie veröffentlichen, und ein Appell an die Humanität des Betrachters, der über die menschliche Grausamkeit erschrickt und sich auf die Segnungen der zivilisierten Moral besinnt. Wie modern dieses Bild ist, wird dem heutigen Betrachter sofort deutlich, wenn er es mit Fotografien von palästinensischen Frauen und Kindern vergleicht, die an sein Mitgefühl appellieren und ihn zum Engagement aufrufen.

Der Kunstkritiker Stendhal, dem der Appell an den Betrachter nicht entging, reagierte so, wie seine Ansicht über die Leidenschaftslosigkeit des Jahrhunderts es erwarten ließ: «Wenn ich Genie hätte, würde ich erklären, worin der Fehler dieses Bildes besteht; doch als schlichter Kunstliebhaber kann ich nur meine Hand auf mein Herz legen und sagen: Nein, es schlägt nicht.» Es fehlte an echter Empfindung, an wirklicher Leidenschaft, die zu Taten aufrüttelt. Das ist bis heute das Risiko von Bildern, die an die moralischen Gefühle des Betrachters appellieren.

DIE GABE DER TRÄNEN

Jules Michelet über Terror, Tod und Erinnerung

Im vierten Jahr begann die Revolution, sich selbst zu kommentieren. Zu den sich überstürzenden Ereignissen kamen Geschehnisse, die ins Reich des Symbolischen hineinragten. Seitdem gehört zum zeitlosen Bild der Revolution auch, wie sie sich ihrer hellsten Vertreter, ihrer bedeutendsten Stützen entledigt. Im Untergang der Girondisten ist vorgeprägt, was in den Moskauer Schauprozessen noch einmal erscheinen wird: die Wehrlosigkeit, die Zustimmung, mit der die von der Revolution überholte Avantgarde ihr Schicksal hinnimmt, ohne der Idee, der sie geopfert wird, die Treue aufzukündigen. «Die Revolution köpfte sich in diesen Menschen», bemerkt Jacob Burckhardt und berichtet, wie sie das Schafott betraten, die Marseillaise auf den Lippen. Als Madame Rolland, die geistvollste Frau der Revolution, in den Tod ging, rief sie: «Freiheit, welche Verbrechen begeht man in deinem Namen!» Andere beeindruckten durch die Ruhe, mit der sie ihrem Prozeß folgten und das Urteil hinnahmen. Damals fand der Abgeordnete Vergniaud das unvergeßliche Bild für die Gewalt und Rücksichtslosigkeit der Revolution: Wie Saturn verschlinge sie ihre Kinder.

Im September des Unheilsjahres 1793 erließ der Konvent das «Gesetz der Verdächtigen», die «loi des suspects». Als verdächtig im Sinne dieses Gesetzes galten alle Feinde des Vaterlandes und der Freiheit, alle, die ohne Unterhalt oder Beschäftigung waren, alle abgesetzten Beamten und zurückgekehrten Emigranten, schließlich alle, die sich nicht mit der «carte du civisme» ausweisen konnten. Unter Verdacht zu leben versetzte jeden in Schrecken, und dieser Schrecken vervielfältigte sich noch dadurch, daß die Denunziation für die, die von sich ablenken wollten, zur letzten, verzweifelten Zuflucht werden konnte. In diesem Jahr stürzte man sich in eine hektische Produktion von Symbolen, wobei unklar war, ob sie den Gang der Dinge beschleunigen oder aufhalten sollten. War es die Ungeduld, die Revolution zur Ruhe kommen zu lassen, oder war es der Fanatismus, der alles, was vor der Revolution war, beseitigen oder ersetzen wollte, um einem Rückfall jeden Weg zu verbauen? Im selben Monat, als das Gesetz der Verdächtigen erlassen wurde, forderte Anaxagoras Chaumette, der Tribun der Kommune, die Errichtung eines Tempels der Menschheit, des «Temple d'Humanité». Die Revolution sollte in Festen und Kulten ihren ideellen Gehalt versinnlichen, ihre Legitimität in Symbolen beschwören. Als der Terror seine blutigen Hände ausstreckte, entdeckten die politisch eher maßvollen Kräfte die Religion.

Wie Jules Michelet, der Historiker der Revolution schreibt, wollten sie der Revolution eine andere Bahn eröffnen und «die politische Mäßigung durch die religiöse Kühnheit kompensieren».

In diesem Jahr gab es eine Unterströmung der Milde, die sich hier und da in einem Aufflackern bemerkbar machte – als Verlangen nach Amnestie, als Mystizismus der Reinheit, als Sehnsucht nach religiöser Erhebung. Die Sehnsucht nach Erlösung wirkte wie eine Parodie des Terrors. Als Camille Desmoulins die Zeitschrift «Le vieux Cordelier» herausbrachte, forderte er die Einrichtung eines «Komitees der Barmherzigkeit», als wären die Funktionen des «Komitees für die öffentliche Sicherheit» so ersetzbar wie die Akte des Terrors willkürlich. Im Zeichen der Mäßigung wurde auch der «Kult der Vernunft» gegründet. Kein Fest der Revolution ist so sprichwörtlich geworden für den Willen, alles auf eine Karte zu setzen. Die Religion wurde wie eine politische Maßnahme dekretiert, offenbarte aber auch die Schwäche der revolutionären Imagination, Bilder und Rituale zu erdenken, die das Volk zu fesseln vermochten. Der Vandalismus und seine wütende Entwertung der Symbole, die blasphemische Energie, die sich gegen die Überlieferung richteten, waren ungleich stärker als die Bildkraft der religiösen Erneuerung. Auch hier war der Schritt vom Erhabenen zum Lächerlichen klein: Gewollt war eine Religion, was herauskam, war schlechte Oper. Das Fest am Gründungstag des Kultes der Vernunft, dem 10. November 1793, erinnerte an einen Jahrmarkt mit seinen Buden, die, für das Vergnügen des Augenblicks geschaffen, so rasch wieder weggeräumt werden, wie man sie aufgebaut hat.

Wäre nicht die Kathedrale Notre-Dame der Schauplatz

gewesen, man hätte den religiösen Sinn der Feier kaum erraten. Im Chor der leergeräumten Kirche hatte man einen «Tempel der Philosophie» errichtet, geschmückt mit Büsten der Weisen und der Väter der Revolution. Auf einer Erhebung stand der Tempel der Vernunft, auf einem Stein brannte die Fackel der Wahrheit. Die Magistrate saßen unten den Säulen. Waffen oder Soldaten waren, ungewöhnlich genug, nicht zu sehen. Als einziger Schmuck zierten das Fest zwei Reihen junger Mädchen in weißen Gewändern, mit Eichenlaub bekränzt. Und die Gestalt der Vernunft? Noch am 7. November hatte man an eine Statue gedacht. Aber die Befürchtung, sie könnte an die heilige Jungfrau erinnern und zu einem neuen Götzendienst verführen, riet davon ab. Es sollte ein bewegtes, ein beseeltes Bild sein.

Doch woher im Strudel der Denunziationen eine unangreifbare Verkörperung der Reinheit nehmen? Nur wenige Wochen waren seit dem Tod von Marie-Antoinette vergangen, die man jahrelang zur Zielscheibe moralisierender und pornographischer Denunziation gemacht hatte und der man in dem Prozeß gegen sie den sexuellen Mißbrauch ihres achtjährigen Sohnes zur Last gelegt hatte. Nach all diesen Exzessen der Verunreinigung war das Bedürfnis nach Reinheit überwältigend, aber kaum zu befriedigen. Man mußte auf eine Schauspielerin zurückgreifen, die die ersehnte Reinheit als Göttin der Vernunft darzustellen hatte, um am Ende aus der Verkleidung wieder herauszuschlüpfen. In den Provinzstädten, die sich dem neuen Kult anschlossen, übernahmen diese Rolle junge Mädchen aus Familien, deren Ansehen unbefleckt war. Wer nicht mittun wollte, wurde dazu gezwungen.

Michelet beschreibt die feierliche Einweihung des Kultes

in Notre-Dame. Die Vernunft, ganz in Weiß gekleidet und mit einem azurblauen Überwurf, tritt aus dem Tempel der Philosophie hervor und nimmt Platz auf einem Sitz in schlichtem Grün. Die jungen Mädchen singen ihre Hymne. Die Vernunft wirft einen zärtlichen Blick auf die Anwesenden, schenkt ihnen ein sanftes Lächeln. Während noch gesungen wird, wartet man auf das, was nun kommen wird. «Das war alles», schließt Michelet lakonisch. Das also war der große Coup, von dem Chaumette, der Initiator, und einige gemäßigte Sansculotten sich so viel versprochen hatten. Von hier sollte eine andere Bahn der Revolution ausgehen? «Keusche Zeremonie, traurig, trocken, langweilig», notiert Michelet. Dann holt er in einer Anmerkung zu einem großen Dementi aus. Es sei dies alles andere gewesen als der «wahre Kult der Revolution». Dieser Kult sei schon zu alt gewesen, um noch Kinder zu zeugen. Der «kalte Versuch von 1793» sei nicht dem glühenden Schoß der Revolution entsprungen, sondern der «räsonierenden Schule der Zeit der Encyclopédie». Michelet ist hier voreingenommen. Seine Geschichte der Revolution will Lebendiges und Totes voneinander scheiden. Er sympathisiert nicht mit dem Terror, aber dieser ist das authentische Schicksal der Revolution, während das intellektuelle Erbe des achtzehnten Jahrhunderts in den kahlen Zeremonien des Kults der Vernunft zu Grabe getragen wurde, nicht etwa sich regenerierte.

Die Wüste wächst mit jedem Tag

Daß sich das achtzehnte Jahrhundert im Jahr 1793 vollendete, ist ein wiederkehrendes Thema der Erzählung Michelets. Er schreitet den geistigen Horizont des achtzehnten Jahrhunderts ab und zeigt auf alles, was in den Einflußbereich der Enzyklopädie gehört. Voltaires Überführung ins Pantheon – die erste Zeremonie der Revolution, die ganz ohne religiöses Ritual verlief – war einer der letzten Akte, in denen das achtzehnte Jahrhundert noch ganz gegenwärtig war. Als der Konvent am 3. Oktober beschloß, die Gebeine von Descartes ins Pantheon zu überführen, habe man den Vater neben seine Söhne, neben Voltaire und Rousseau, gebettet. Der Rationalismus der Moderne war an sein Ende gekommen. Als ein solches Ereignis, in dem die vorrevolutionäre Epoche sich erfüllte, wurde auch jener 16. November erlebt, an dem die Kinder von Calas vor die Schranken des Konvents traten und mitten im Terror als Unschuldige gefeiert wurden. Am selben Tag wird per Dekret die Erbsünde aufgehoben. Fortan sollen sich die Vergehen nicht mehr über die Generationen fortzeugen, sollen die Kinder nicht mehr für die Eltern büßen. Folgerichtig werden die Kinder der von der Revolution Hingerichteten als «Kinder Frankreichs» vom Staat adoptiert und die Nachkommen der hingerichteten Girondisten von der Regierung unterstützt. Michelet errät die verschwiegene Bedeutung dieses Aktes scheinbarer Milde: Der Terror sollte nicht mehr blind wüten, die Kategorien, nach denen er auswählte, sollten den Individuen genauer angepaßt werden, um dadurch umso wirksamer zu sein.

Während der Zeremonie in Notre-Dame debattiert der Konvent über die Denunziationen und den Terror. Ein Abgeordneter bekennt sich eines Vergehens schuldig, das regelmäßig zur Verhaftung führt. Er hatte jemanden, der auf der Liste stand, versteckt. Nach dem Geständnis dieses Vergehens, das er mit vielen teilte, ruft er: «Wann wird dieses Abschlachten der Abgeordneten aufhören, diese Ächtung der Begründer der Republik, dieses dreiste System, die Versammlung zu terrorisieren? Wir kehren zur Despotie zurück. Genug, genug der Opfer! Seht ihr denn nicht, daß diejenigen, die man verfolgt, weil sie aus Schwäche gefehlt haben, keineswegs Feinde der Revolution sind? Wißt ihr, was ihr anrichtet? Daß die Versammlung erstarren und in schmähliche Stummheit versinken wird? Und wer wird, bei diesem Tod der Versammlung, mehr Mut zeigen als sie selbst? Alle werden aus den öffentlichen Ämtern fliehen, jeder wird sich einschließen, und alles wird in Einsamkeit enden.» Michelet fügt das große Wort hinzu: «Die Wüste wächst mit jedem Tag». Die Klubs leerten sich, man traf dort nur noch ein paar verhockte Jakobiner.

In dem Augenblick, als die Abgeordneten sich halbherzig das Recht eingeräumt hatten, im Konvent wenigstens noch einmal gehört zu werden, bevor man sie vor das Revolutionstribunal schleppt, tritt Chaumette ein, die Göttin der Vernunft und das Gefolge der jungen Mädchen hinter sich. Die gedrückte Stimmung der Versammelten löst sich in einen allgemeinen Jubel, man umarmt sich, die Parteikämpfe scheinen für einen Augenblick vergessen. Man erlebt den sonnigen Nachmittag als Vorschein besserer Tage: «Der Konvent setzte sich in Marsch», berichtet Michelet, «glücklich über diesen Funken der Einigkeit, der in diesem Augenblick inmitten so vieler Spaltungen erschienen war. Viele gesellten sich von Herzen zu dem Fest in dem guten Glauben, die Vollendung der Zeiten zu erleben.» Der Glaube an die Vernunft lebte noch einmal auf, um das Trugbild der Einigkeit vorzugaukeln. Im Rückblick aber wirken diese Augenblicke der Milde und Mäßigung wie eine Intensivierung des Verhängnisses. Die «terreur», das Schreckensregiment, wirkte bedrückend nicht nur durch die Grausamkeit, mit der die Revolution zu ihrer Selbstenthauptung schritt, ein noch fahleres Antlitz erhielt der Terror durch die Ewigkeiten, die auf die politische Tagesordnung gesetzt wurden.

Robespierres letzte Stunde

Mit dem Sturz Robespierres am 9. Thermidor und seiner Hinrichtung am Tag darauf, am 28. Juli 1794, endet Michelets Geschichte der Revolution. Er mochte Robespierre nicht. Doch der Historiker, der sich in seine Gestalten hineinversetzt, um sie aus der Introspektion auferstehen zu lassen, widmet die Schlußseiten seines Riesenwerkes einer gefühlvollen Schilderung der letzten Tage und Stunden Robespierres. Man hatte ihn im Konvent verhaftet, zum Gefängnis geschleppt, das überfüllt war, und ihn wieder freigelassen. Die Kommune regte sich, im Rathaus wartete der Diktator mit den wenigen Getreuen, mit Saint-Just und Couthon, darauf, daß der Aufstand losbrechen würde. Als er seine Lage für aussichtslos hielt, schoß er sich mit der Pistole ins Gesicht und zertrümmerte seinen Kiefer. Auf einem Brett wurde er in die Tuilerien getragen. Viele Stunden lag er dort im Stimmengewirr der erregten Diskussionen über den Sturz des grausamen Tugendwächters regungslos auf einem Tisch, den Kopf an eine Munitionskiste gelehnt. Michelets einfühlsame Schilderung der Leiden des Mannes, der am Tod so vieler schuldig war, hat etwas Blasphemisches angesichts der vielen Namenlosen, deren Tod auf seine Rechnung ging. Während diese einfach verschwunden waren, wurde ihm eine Aufmerksamkeit zuteil, als hinge alles davon ab, wie er stirbt. Michelet lauscht seinen Atemzügen: Lebt er noch, ist er schon tot? Der Historiker beobachtet den Tod der Revolution. Es ist der Schluß seines Geschichtswerks, auf dessen letzten Seiten Verbrechen und Heiligkeit ununterscheidbar werden wie in einem Roman Dostojewskis. Der Eishauch des Nihilismus läßt den Leser erstarren. Auf einmal verwandelt sich die elende Szene in eine Apotheose. Christliche Bilder tauchen auf, es naht der Karfreitag der Revolution, und wie damals herrscht Gleichgültigkeit gegenüber dem, was geschieht. Einer der Umstehenden beugt sich über den Sterbenden und wischt ihm den Schweiß von der Stirn. Kaum hörbar sagt Robespierre: «Je vous remercie, Monsieur.» Er verwendet die von der Revolution verworfene Anrede, als wisse er, daß mit ihm der «citoyen» stirbt.

Michelets Geschichtswerk hat noch einen zweiten Schluß. Er erzählt von einem zehnjährigen Jungen, der mit seinen Eltern das Theater besucht hat. Michelet selbst ist dieser Knabe. Die Eltern treten mit ihm hinaus auf den abendlichen Boulevard. Einige Kutscher nähern sich aus der Dunkelheit. Einer fragt: «Benötigen Sie einen Wagen, mon maître?» Diese Anrede hat der Knabe noch nie gehört. Auf seine Frage, was sie bedeute, erhält er die Auskunft: Durch den Tod Robespierres hat sich vieles verändert. Das ist der eigentliche Schluß der Revolutionsgeschichte Michelets. Mit Robespierre wird die Epoche beigesetzt, die die absolute Freiheit durch reine Politik verwirklichen wollte und die in den Terror ausartete. In Robespierres Tod laufen die beiden Hauptstränge des Geschehens zusammen: der Terror und die Religion der Revolution, die Selbstvergottung der Gemeinschaft im einen wie im andern, das Blut und die Sehnsucht nach Reinheit, die Todesverfallenheit und der Wille zur Regeneration. Der im Terror versinkenden Revolution hatte Robespierre einen religiösen Halt geben, die Gerechtigkeit zum Regulativ des Terrors machen und im Ideellen ersetzen wollen, was sich im Politischen erschöpft hatte.

Robespierre wollte keine abrupte Entfernung vom Christentum, er wollte Gott nicht töten. Vor dem Nationalkonvent bekannte er – er berief sich auf das «Vorbild berühmter Männer» – seinen Glauben an Gott und an das Höchste Wesen, das man in der Erklärung der Menschenrechte angerufen hatte. Der Konvent, so verkündete Robespierre im November 1793, habe nie zu der Verwegenheit anstiften wollen, den katholischen Kult anzutasten. Beim Fest des Höchsten Wesens im April 1794 richtete er einen Appell an Gott. Diesen Appell nennt Michelet spontan und aufrichtig, wendet allerdings ein, daß der darin sich bekundende Wille Robespierres zu etwas Neuem, zu einem Bruch mit dem Lauf der Dinge zu schwach gewesen sei. Als er glaubte, unter dem Namen des «Être suprême» etwas religiös Kräftiges erdacht und zwischen Revolution und Christentum Frieden gestiftet zu haben, sei er Opfer seiner wilden Einbildungskraft gewesen. Die Religion Robespierres war eine Religion ohne das Böse, ohne den Teufel. Das Böse war aus der Religion verschwunden. Der Teufel gehörte nicht wie im mittelalterlichen Christentum und in der Volksfrömmigkeit zur Religion, sondern er war der Verräter im politischen Tageskampf. Alle Energie des Kampfes gegen das Böse floß in die ungeheure anklagende Energie ein, mit der Robespierre den Verrat auslöschen wollte. Einzig im Kult des Höchsten Wesens konnte der nicht zu bezwingende Verdacht zur Ruhe kommen.

Robespierre spricht

Schon als einfacher Abgeordneter war Robespierre ein unbeirrbarer Redner, der mit dünner Stimme vom Blatt las, hilflos den Zwischenrufen ausgeliefert, aber unverwandt sich an seinen Redetext klammernd, die Stimme zum Krächzen steigernd, bis sie sich überschlug. Damals erhielt er den Beinamen «der Unbestechliche». So steht es lakonisch unter einem Porträt von 1791. Dieses Wort sei schon der halbe Sieg, meinte Friedrich Sieburg, der auch die Schilderung eines Abends bei den Jakobinern zitiert, in der die Kluft zwischen der befangenen Umständlichkeit des Redners Robespierre und seiner ungeheuren Wirkung von einem nicht verzauberten Zuhörer festgehalten wird: «Langsam trat er vor. Er trug eine Brille, sei es nun, daß er sie wirklich brauchte, sei es, daß sie ihm dazu diente, die Bewegungen seiner Physiognomie, die starr und ohne Würde war, zu verbergen. Sein Vortrag war langsam. Seine Sätze waren so lang, daß man jedes Mal, wenn er inne hielt, um seine Brille hochzuschieben, annehmen konnte, er habe nichts mehr zu sagen. Aber nachdem er seine Blicke über alle Punkte im Saal hatte wandern lassen, schob er die Brille wieder über die Augen und fügte den an sich schon langen Perioden noch einige hinzu. Mir dröhnten die Ohren. Das war nicht mehr Beifall wie für den Père Duchesne, sondern es waren Schluchzer der Rührung, Schreie, Erschütterungen, die den Saal erbeben ließen.»

Vergeblich hat man sich bemüht, in Robespierres Reden die Zäsur eines plötzlichen Wandels zu entdecken. Sein Ton blieb immer derselbe, anfangs klang sein Enthusiasmus für hehre Prinzipien ein wenig heller, während er später etwas Drohendes annehmen wird. So im November 1792, als er den Abgeordneten zuruft: «Wir sind unerbittlich und unwandelbar wie die Wahrheit, ich würde fast sagen, unerträglich wie die Prinzipien.» In einem seiner ersten Plädoyers als junger Anwalt in Arras – bei wichtigen Fällen pflegte er diese drucken zu lassen – verteidigte er einen Angeklagten, der auf seinem Dach einen Blitzableiter angebracht hatte. Willkommene Gelegenheit zu einer Hymne auf die neue Philosophie und die Fortschritte der Wissenschaft. Sein Plädoyer, das ihn in der Gelehrtenwelt bekannt machte, sandte er an Benjamin Franklin. Schon damals bediente er sich derselben schattenlosen Darstellung wie auf dem Höhepunkt seiner Macht. Als er dem Konvent am 13. Juli 1793 den «Nationalen Erziehungsplan» von Michel Le Peletier vortrug, der wie Marat ermordet und neben ihm zur Ikone der Revolution erhoben worden war, machte er sich die idealistische Blaupause einer totalen Volkserziehung zu eigen, als wäre es der Entwurf einer zweiten Schöpfung. Die Grundsätze für die Erziehung der Knaben zwischen fünf und zwölf und der

Mädchen zwischen fünf und elf Jahren wurden bis in alle Einzelheiten dargelegt: «Jedes Kind, ganz gleich welchen Geschlechts, das älter als acht Jahre ist und das am vorherigen Tage, wenn dieser Tag ein Arbeitstag war, eine Aufgabe nicht erfüllt hat, die dem Wert seiner Nahrung entsprochen hätte, nimmt seine Mahlzeit erst nach den anderen Kindern ein; es muß die Schmach erdulden, alleine zu essen, oder es wird durch eine öffentliche Demütigung bestraft, die in der Hausordnung vorgesehen ist.»

Für die Rhetorik Robespierres ist es gleichgültig, ob sie einen weltverändernden Gedanken vorträgt oder eine Marotte. Er beherrschte die geschmeidige Sprache des achtzehnten Jahrhunderts, verharrte unbeirrt in seiner Gedankenwelt und schien nicht darauf zu achten, daß das, was sich so widerstandslos denken ließ, in der Wirklichkeit bestehen mußte. Sein Idealismus ist der des Hegelworts «Um so schlimmer für die Tatsachen.» In seinen großen Reden vor dem Jakobinerklub oder im Konvent tritt er wie ein Zauberer auf, unbewegt steht er am Rednerpult und ruft mit seiner dünnen Stimme: Seht hier die Natur des Menschen. Und hier der Gesellschaftskörper. Und dann läßt er auf wunderbare Weise die einzelnen Willen im allgemeinen Willen aufgehen. In den Jahren seines langsamen, zögernden Aufstiegs zum unangreifbaren Redner und Volkstribun der Revolution wird er sich auch im Äußeren gleich bleiben. Bis zum Ende kleidet er sich so wie schon in Arras: mit Krawatte, einem Nankingrock von provinzieller, etwas verschlissener Eleganz, mit einer Perücke. Keine der Revolutionsmoden hat er mitgemacht, als habe er keine Zeit zum Umziehen gehabt. Sein Pathos der Aufrichtigkeit, sein Puritanismus verbot ihm, die Kleider zu wechseln, während sich um ihn herum alles veränderte. Sein

Mißtrauen, der bei ihm am stärksten entwickelte Zug, richtete sich gegen die Bestrebungen, das Äußere zu uniformieren. Wer in betont revolutionärem Habit umherging, weckte bei ihm den Verdacht, er wolle seine wahre Gesinnung verbergen. Wenn die Wahrheit im Herzen ihren Sitz hatte, so konnten alle äußeren Zeichen der Gesinnung nur Masken sein.

Das System der Vernichtung

Die zwei Jahre, in denen Robespierre die Führung hat, eröffnen ein gespaltenes, manichäisches Universum, in dem Reinheit und Verderbnis miteinander im Kampf liegen. Ist es da nicht eine Verharmlosung, wenn man auf Robespierres mäßigende Rolle in den religiösen Kämpfen hinweist, wie er sich gegen den Atheismus stemmt und den Gott des Christentums dem Kult der Vernunft nicht opfern will? So wollte er gesehen werden, das war der sichtbare Robespierre, während er in dem Schauspiel des Terrors, das dem öffentlichen Leben in Paris den gleichmäßigen Takt des Grauens auferlegte, unsichtbar blieb. Die niedrigen Leidenschaften der Verfolger und das Blut stießen ihn ab. Michelet scheint diesem Grauen nur standhalten zu können, indem er Anekdoten erzählt: von den Bediensteten, die man dutzendweise vor das Revolutionstribunal zerrt und hinrichtet, von den betrunkenen Wasserträgern und idiotischen Greisinnen, die man unter die Guillotine legt. Es sei eine «moralische Cholera» gewesen, die am Ende zu völliger Gleichgültigkeit führte. Da habe man Verurteilte gesehen, die sich lesend hinrichten ließen, andere, die fragten, wo es denn zum Schafott gehe, wieder andere, die aus dem Gefängnis flohen, um sich, nachdem sie noch einmal ein Singspiel besucht hatten, zur Guillotinierung zurückzumelden. Michelet erzählt auch von dem Mann, der in den Konvent ging, um Robespierre zu erstechen, und dort einschlief. In der Häufung dieser Anekdoten ist das Exorbitante des Terrors erfaßt: das Schwinden der moralischen Selbstbehauptung, die Kraftlosigkeit des Willens, die Reduzierung auf das bloße Leben, das Überleben. «Was haben Sie in all den Jahren gemacht?», wurde der Abbé Sieyès nach dem Abklingen des Terrors gefragt. «Überlebt», lautete seine einsilbige Antwort.

Das Wesen des Terrors ist Michelet nicht verborgen geblieben. Er bezeichnete ihn als «System der Vernichtung», der «extermination». Er führte dieses Wort in die Geschichtsschreibung ein. Die Erfahrung mit dem Terror hat er in dem großen, auch für das zwanzigste Jahrhundert gültigen Satz zusammengefaßt: «Le vrai roi moderne: le scribe.» Immer ist da ein Schreiber, ein Sekretär des Ungeheuerlichen, der die Namen der Verdächtigen notiert, die Akten führt, die Todesurteile ausfertigt. Ein Mann wie der lahme Couthon, der mit Robespierre und Saint-Just die terroristische Gesetzgebung erfindet. Er spricht mit höflicher, leiser Stimme, läßt sich nie zum verbalen Exzeß hinreißen. So auch Robespierre. In einer Grußadresse aus Toulon wird er im Mai 1791 als die «Stimme der Vernunft» gepriesen. Im endlosen Platztausch von Tätern und Opfern und gegenüber ihrer abgründigen Komplizenschaft weckt er die Sehnsucht nach Reinheit, die im letzten Jahr vor seinem Ende zum Motor des Grauens wird. Robespierre verkörpert den Gedanken einer schrecklichen, universellen, absoluten Reinigung. Auf der Höhe des Terrors soll es messianische Hoffnungen gegeben haben, die sich auf den «grand épurateur», den großen Säuberer, richteten. Da gab es Frauen, die einen kleinen Robespierre auf ihrem Schoß hielten, andere sagten zu Robespierre: «Oui, tu es Dieu.» Welch ein Gott. Tartuffe sei hier selbst zum Gott geworden, meint Michelet, Götzenbild und zugleich einer, der den Götzendienst geißelt: «Götzenbild der Unvernunft unter der Fahne der Vernunft, eines das andere hintergehend.»

Zu der Zeit, als Robespierre den Kult des Höchsten Wesens propagierte, trat eine Mystikerin auf, die ihn in ihren Predigten verherrlichte und vergöttlichte. Sie soll ihn als den Messias angekündigt haben und wurde als Verschwörerin hingerichtet. War diese Bewegung von Robespierres Feinden angestiftet worden, um ihn zu kompromittieren, wollte man ihn lächerlich machen? Beim Fest des Höchsten Wesens, das er einsam auf der von David entworfenen Bühne zelebrierte, sollen die Zuschauer gelacht haben. Ihr Lachen kündigte an, daß der Bann sich löste. Aber wie im Nachhall zu dieser monströsen Vergöttlichung ist Robespierre in zweihundert Jahren Geschichtsschreibung der Revolution der große Unbewegte geblieben: keine Revisionen, keine Neubewertungen, keine Rechtfertigungen. Das Bild der Revolution hat sich vielfach gewandelt, die Akzente wurden immer neu und anders gesetzt, und sie hat Darstellungen aus der Perspektive fast aller ihrer Protagonisten gefunden, aber Robespierre ist der Block der Revolution geblieben, allgegenwärtig, aber als Person ungreifbar. Sein Name ist mit dem Begriff der Revolution verschmolzen, seit Hegel in der «Phänomenologie des Geistes» das Kapitel über die «Absolute Freiheit und den Schrecken» schrieb. Es ist ein Denkmal für Robespierre.

Der Vollstrecker

Was aber hat Robespierre zur Revolution hinzugetan, was sich ohne ihn nicht entwickelt hätte? Nichts, alles. Er hat ihr Gesicht verändert. Robespierre ist der Typus des Vollstreckers, der im zwanzigsten Jahrhundert wieder auftauchen wird, der Ernst macht mit dem, was in der Situation bereit liegt: Worte zu Taten. Mirabeau hat ihn frühzeitig erkannt, als er von dem verbohrten Abgeordneten aus der Provinz sagte: «Er wird es weit bringen. Denn er glaubt, was er sagt.» Robespierre war beides zugleich: einer, der nichts zu den Ereignissen hinzutut, wie einer, der alles verändert. Friedrich Sieburg hat diese Rätsel als das plötzliche Umschlagen von Menschlichkeit in Unmenschlichkeit fassen wollen. Die Französische Revolution sei erfolgreich gewesen, wo sie für den Menschen eintrat, und so lange menschlich, bis Robespierre die Führung übernahm und sie unmenschlich und tugendhaft machte. Aber diese säuberliche Grenzziehung zwischen dem Menschlichen und dem Unmenschlichen, zwischen Gut und Böse, hat Robespierre verwischt. «War er gut?», fragt Sieburg, «war er böse?» und gibt die Antwort: «Er war konsequent.» Die Konsequenz verbindet das Gute und das Böse so, daß sie ineinander umschlagen: Das mit letzter Konsequenz gewollte Gute wird böse, das Böse treibt das Gute aus sich hervor.

Robespierre war nicht der Täter, als den man ihn sich vorstellt. Da sind allein in seinem letzten Jahr rund fünfhundert Erlasse, die er unterzeichnet, das meiste davon Verhaftungen. Nur diese Federstriche. Aber die Parteikämpfe, die Verfolgungen, der Terror, all das, was das Gesicht der Revolution entstellte, gehörte schon zur Revolution, wie er sie vorfand. Es gab die Massentötungen im September 1792, die Greuel in den Provinzen, die grenzenlosen Willkürakte der Revolutionskommissare, den Krieg an den Grenzen Frankreichs. «Denen, die im Sinne der Republik handeln, ist alles erlaubt», definieren Collot und Fouché das Recht des Terrors. Auch Robespierre bemüht sich um die Legalisierung des Schreckens. Das Haltlose dieser Versuche, ihn einzugrenzen, führte zu neuer Beschleunigung des Terrors. Robespierre, der das von der Revolution geschaffene Machtvakuum erkannt hatte und nutzen wollte, reklamierte das Prinzip der Revolution und den Willen des Volkes für sich, belehrte als Stimme des Volkes die Bürger, geißelte und verurteilte sie. Mit seiner Verherrlichung der republikanischen Tugend und des Volkswillens trieb Robespierre den Willen zur Tat bis zum Äußersten, so daß die Verfolgungen und Vernichtungen wie von selbst, in einer Ruhe und Sicherheit abliefen, wie eine Maschine, die keines Entschlusses bedarf. Was legalisiert und dadurch begrenzt werden sollte, wurde zu einer regellosen Form der Legalität, die Robespierre mit seinem unendlichen Diskurs über die Prinzipien der Revolution überwölbte.

Robespierre ist der politische Akteur, der nach seinem Gutdünken Entscheidungen trifft und sie transparent macht auf ein zwangsläufig ablaufendes Geschehen. Alles sieht man durch ihn deutlicher, ihn selbst aber kaum. Unbewegt durchschreitet er die Revolution, zögert, treibt an. Nachdem sich der ehrgeizige Anwalt aus Arras im Herbst

1788 nach Paris aufgemacht hatte als Vertreter des dritten Standes bei den vom König einberufenen Generalständen, wirkt er lange Zeit nur wie ein Mitläufer. Der Ehrgeiz, der sich in seinen Plädoyers als Anwalt zu erkennen gab, war ein typischer Provinzehrgeiz: hochgetriebene Rhetorik edler Ideen. Als Ziel zeichnete sich die Honoratiorenstellung in einer Kleinstadt ab, eine Familie, ein ordentliches Heim. Dieses Lebensziel scheint auch der Revolutionär nie ganz verabschiedet zu haben. Nachdem er im März 1790 zum Präsidenten des Jakobinerklubs gewählt worden ist und als Redner in der Nationalversammlung endlich Aufmerksamkeit findet, erwägt er noch im September desselben Jahres, ins Artois zurückzukehren, um sich dort als Vorsitzender eines Distriktgerichts niederzulassen. An seinem bescheidenen Lebenstraum hielt er auch in Paris fest, wo er bei einfachen Handwerkern zur Miete wohnte und sich von der Familie umsorgen ließ, als sei es die eigene, die er aber nie gegründet hat. Mit seinem wachsenden politischen Einfluß wird diese Kleinbürgeridylle – abends liest er im Kreis der braven Leute aus Corneille, Voltaire oder Rousseau vor – ein Robespierre-Museum zu Lebzeiten, vollgestopft mit Büsten, Zeichnungen und Stichen.

In allem blieb sich Robespierre gleich. Sein lernbegieriger Enthusiasmus für die griechische und römische Geschichte, vor allem aber für seinen einzigen Autor, Jean-Jacques Rousseau, hielt von den Jugendjahren in der Provinz bis zu seinem Ende unverändert an. Rousseau hatte er 1778, kurz vor dessen Tod, in Ermenonville aufgesucht, nachdem er ihn in Paris nicht mehr angetroffen hatte. Er war entschlossen, ihm bedingungslos nachzueifern. Der Lebensplan, der seiner Lektüre entsprang, war wohl schon fertig, bevor die Revolution ihm ungeahnte

Aussichten öffnete. In seiner «Widmung an die Manen des Philosophen von Genf» beschwört Robespierre 1789 seinen Besuch bei Rousseau als Initiationsakt: «Ich habe dich gesehen am Ende deiner Tage, und diese Erinnerung ist für mich die Quelle einer stolzen Freude. Ich habe deine hehren Züge betrachtet und ich habe in ihnen die Spuren der dunklen Leiden gesehen, zu denen dich die Ungerechtigkeiten der Menschen verdammt hatten.» Es ist die Feier eines Mythos, nicht der Schwur auf eine Doktrin. Rousseaus Einfluß auf die Französische Revolution beruhte nicht so sehr auf der Botschaft seiner Schriften wie auf der Strahlkraft ihres Autors, der als Vorläufer der Revolution gesehen wurde, der die korrupte Gesellschaft reinigen wollte und zu einem Ausgestoßenen geworden war. Nicht am Rationalismus des «Gesellschaftsvertrages» haben sich Robespierre und die Revolution orientiert, sondern an dem Gedanken der Regeneration und der Erneuerung des Menschen. Diese Vision brachte Robespierre mit, als er von der Revolution ergriffen wurde. Von ihr hat er nicht gelassen. Darin lag auch die Möglichkeit, das Scheitern zu glorifizieren.

Begegnung mit der Macht

Robespierres Politik ist Demaskierung der Macht, unmaskierte Machtausübung ist das Ziel. Mit seinem Mißtrauen gegen alle Masken und Tarnungen schafft er das Vakuum, in dem der Tugendhafte sein einsames Rencontre mit der Macht hat. In diesem Gespräch mit der Macht entdeckt

Robespierre die reine Politik. Bei allen dramatischen Ereignissen, vom Sturm auf die Bastille bis zu den Septembermorden und darüber hinaus, ist Robespierre nicht anwesend. Er hält Abstand, er beobachtet, wartet ab, läßt die Ereignisse sich entwickeln, um ihnen nachträglich Gestalt zu geben. François Furet hat geschildert, wie sich seit dem Frühjahr 1789 die Macht von den Institutionen und Personen trennte und wie die Institutionen, die die Nationalversammlung schaffen wollte, vom Strom der Ereignisse hinweggeschwemmt wurden. Es gab Verfassungsgedanken, sogar einen Verfassungspatriotismus, aber keine stabilen Institutionen. Robespierre gelang es, sich als Redner zum Interpreten und Wächter der Verfassungsgedanken zu machen, ohne über mehr Einfluß zu verfügen als irgendein anderer. Er verstand es, die frei flottierende und unberechenbare Macht in der Rede an sich zu ziehen. Im Abstand zur Macht erschloß sich ihm die einzigartige revolutionäre Dynamik, die dazu führte, daß jede Bemühung um einen stabilisierenden Konsens nur immer neue Polarisierungen erzeugte. Mit den nicht wankenden Grundsätzen seiner Reden, die nichts anderes waren als Denunziationen derer, die sich im Besitz der Macht wähnten, konnte Robespierre einen privilegierten Zugang zur Macht gewinnen: Es war das Wort.

Das politische Genie Robespierres war es, daß er für die immer angreifbare Macht einen Ort fand, wo sie unangreifbar war: beim souveränen Volk. Robespierre füllte die Verfassungsformel mit Leben. «Ihr seid das Volk!» rief er den Abgeordneten zu, ohne sie dadurch zu mehr zu ermächtigen, als was seine Auslegung der Verfassung und des Sinns der Revolution ihnen zugestand. In Wahrheit war das Volk bei ihm. Er beschwor es in den immer gleichen

Formeln. «Ihr seid verdorben, das Volk aber ist gut, geduldig und groß», schleuderte er den Abgeordneten entgegen. Er erfand die Meinungsmacht, die Meinungsdiktatur in seiner Person und war bis unmittelbar vor seinem Ende ihr souveräner Lenker. Robespierres Politik war symbolische Politik. «Das Wort», schreibt Furet, «tritt an die Stelle der Macht als einzige Garantie dafür, daß die Macht nur dem Volke gehört, also niemandem. Und im Gegensatz zur Macht, die daran krankt, geheim zu sein, ist das Wort öffentlich, daher selbst der Kontrolle des Volkes unterstellt.» Damit war die Aufgabe des Jakobinerklubs umrissen, der seit 1790 zum Symbol des Volkes geworden war und sich unter Robespierres Führung zur absoluten Kontrollinstanz der Legislative entwickelte. In einem institutionellen Vakuum fallen Legitimität und Macht dem zu, der den Willen des Volkes an sich zu ziehen weiß, und dem es gelingt, seine Forderungen zu monopolisieren. Die Politik hatte sich in einen Redekampf verwandelt und wurde von Robespierres Rhetorik beherrscht.

Seine letzte Rede am 8. Thermidor beginnt Robespierre mit einem Satz, der von Rousseau stammen könnte: «Ich muß mein Herz ausschütten, denn alles hat sich gegen mich verbunden.» Jetzt erst scheint er ganz er selbst zu sein. Der Dialog mit der reinen Politik ist wieder beim Ich angekommen. In seiner Rede ergeht er sich in Beschwörungen seines eigenen unausweichlichen Endes, umkreist sein Scheitern, blickt dem Tod ins Auge. In einer schmutzigen, korrumpierten Wirklichkeit bezeugt die Niederlage die Reinheit der Absichten. An der Schwelle seines Scheiterns, als das Aufbegehren der Abgeordneten gegen ihn nicht zu übersehen ist, ruft Robespierre ihnen zu: «Welcher Freund des Vaterlandes kann dann noch überleben wollen, wenn ihm nicht mehr gestattet ist, der bedrängten Unschuld zur Hilfe zu eilen und sie zu verteidigen? Warum noch länger in einer Ordnung der Dinge ausharren, in der die Intrige immer über die Wahrheit triumphiert.» In eine ausweglose Lage geraten, folgt Robespierre seiner Obsession der Reinheit und Transparenz, indem er die verdüsterte Gegenwart mit der Nachwelt vertauscht. Jetzt schleudert er den Abgeordneten entgegen: «Nein! Nein, Chaumette, nein, Fouché, der Tod ist keineswegs ein ewiger Schlaf. Bürger, löscht auf den Gräbern diesen ruchlosen Satz aus, der einen dunklen Schleier über die Natur wirft und den Tod beleidigt. Laßt vielmehr einmeißeln: Der Tod ist der Beginn der Unsterblichkeit.» Der Gedanke des Opfertodes für die Idee der Revolution hatte ihn auf seinem ganzen Weg begleitet und ihm die Furchtlosigkeit eingeflößt, mit der er seine Umgebung beherrschte. Nun versagt diese Kraft. In der stürmischen Sitzung des Konvents, die mit seiner Verhaftung endet, läßt man ihn nicht zu Wort kommen, er schreit, seine Stimme überschlägt sich. Und sie versagt. Seine letzten Worte lauten: «Ich fordere den Tod.»

Die Gabe der Tränen

In seiner Auseinandersetzung mit dem revolutionären Terror ist Michelet zu einer neuen Definition der Geschichtswissenschaft gekommen. Den Weg dorthin hat Susan Dunn geschildert. Die Hinrichtung Ludwigs XVI. und die Leiden der königlichen Familie waren eine Herausforderung für jede Darstellung der Revolution. Denn durch den

Königsmord war eine tiefe Kluft zwischen den Absichten der politischen Akteure und den Gefühlen der Zuschauer entstanden. Während jene in der Hinrichtung des Königs ein abschreckendes und belehrendes Schauspiel sehen wollten, weckte sie bei den Zuschauern Mitleid. Michelet spricht von einer «image de pitié», einem Bild des Erbarmens, mit deutlicher Anspielung auf Jesus, den Schmerzensmann. Für Michelet, der die Prinzipien der Revolution für die Zukunft bewahren wollte und dafür sogar bereit war, den jakobinischen Terror in Kauf zu nehmen, war dieses Bild des leidenden Königs eine Herausforderung, denn es konnte die abstrakten Prinzipien untergraben und für die Zukunft verdunkeln. In der Phantasie des Volkes drohte der Jakobinische Terror zu einer Rechtfertigung der Monarchie zu werden, sie zu verklären und das Scheitern der Revolution zu besiegeln. Tatsächlich wird die Restauration im Bild des leidenden Königs die Chance ergreifen, ihre Legitimität zu erneuern. Für Jahrzehnte war der französische Republikanismus durch die Hinrichtung des Königs und die Leiden der königlichen Familie diskreditiert.

Die Mitleidlosigkeit des Jakobinischen Terrors war für Michelet zu einer Bedrohung des bewahrenswerten Erbes der Revolution geworden. Er rückte das Mitleid in den Mittelpunkt seiner Darstellung, um es wieder mit der Revolution zu versöhnen, die seine Stimme im Namen höherer Ziele unterdrückt hatte. «Dies ist ein Mensch», schreibt Michelet über den König, «er ist ein Familienvater; alles ist vergessen. Die Natur und das Mitleid haben die Gerechtigkeit entwaffnet.» Die Gerechtigkeit! Michelet ging noch weiter, indem er das Mitleid zum Fundament der Geschichtsschreibung machte. Die Revolutionäre hatten es überflüssig machen wollen, und weil es ihnen an Mitleid fehlte, wurden sie blind. Michelet wollte sie aber nicht wegen ihrer Mitleidlosigkeit verurteilen, im Gegenteil, er warf ihnen sogar vor, daß sie nicht machiavellistisch genug gehandelt hätten, sie hätten den König nicht so behandelt, daß er selbst an seine Schuld glauben mußte – ein Verfahren, das die totalitären Regime perfektionieren werden –, sondern so, daß er in den Augen der Zuschauer unschuldig zu sein schien. Diesen Fehler wollte Michelet korrigieren, indem er das Mitleid in die Darstellung der Revolution wieder einführte, damit es sich nicht allein auf die Leiden des Königs konzentrierte. Das Mitleid sollte vom schuldigen König auf das Volk umgelenkt werden, nachdem die Hinrichtung des Königs die Überlegenheit des Mitleids über die politische Ideologie erwiesen hatte: In der Rolle des Vaters und als leidender Mensch hatte der König die Macht, die er politisch verloren hatte, als Macht über die Herzen zurückgewonnen.

Die Identität von väterlicher Autorität und Königtum hatte sich aufgelöst, aber die väterliche Autorität war unverletzt geblieben, so daß die Hinrichtung des Königs als Angriff auf die väterliche Autorität und die Familie erscheinen konnte. Michelet sah seine Aufgabe darin, beide wiederherzustellen. Seine Geschichte der Revolution sollte ein Zeichen der Sohnesliebe und des Respekts gegenüber dem Vater sein und die Kontinuität zwischen den Generationen beweisen. Er rückte die Erinnerung an seinen eigenen Vater ins Zentrum, während die Revolution «ihren Vater, das achtzehnte Jahrhundert, verleugnete und verneinte». Schon in den ersten Sätzen beschwor Michelet die Zusammengehörigkeit von Aufklärung und Revolution. Er protestierte damit gegen den revolutionären Bruch mit allen Formen der väterlichen Autorität. Nach der Niederschrift des Kapitels über den Sturm auf die Bastille erfährt er, daß sein Vater gestorben ist. Die Nachricht trifft ihn «wie eine Kugel vom Sturm auf die Bastille». Der tote König und der tote Vater verschmelzen zu einer Person, ihr Schatten fällt auf das Werk.

Es war für Michelet ein Makel der Revolution, daß sie dem König Mitleid und Vergebung vorenthielt, als sie ihn als Repräsentanten von Willkür und Unterdrückung zu Recht verurteilte. Die Mitleidlosigkeit der Jakobiner löste eine Welle des Mitleids aus, und die Macht des Mitleids verwandelte den Königsmord in einen Vatermord, so daß der Königsmord zum Ursprung der Restauration werden konnte. Die Hinrichtung des Königs wurde zum Beweis, daß er lebte: Am 21. Januar 1793, erklärt Michelet, sei die Monarchie durch die Macht des Mitleids wiedererstanden: «Wenn ich hier ein Wunder erkenne, wenn ich fühle, daß der Mensch in der Natur eine Ausnahmestellung hat, so hat er sie nicht durch seine Vernunft, sondern kraft des Mitleids.» Bei der Schilderung der Schreckenszeit seufzt er: «Ich berühre hier ein trauriges Thema, aber die Geschichte will es so. Auf der Höhe der Schreckenszeit finde ich, wie auf den Gipfeln hoher Gebirge, eine äußerste Dürre, eine Wüste, in der das Leben aufgehört hat. Das Mitleid war erstickt oder stumm, das Grauen sprach.»

Michelets Mythos der Revolution überträgt das Leiden Christi auf das Leiden des Volkes, das zum Schmerzensmann wird. Am Schluß seiner Einleitung zur «Geschichte der Revolution» bekennt er: «Mein Herz wies mir den Weg.» Und am Ende seiner «Geschichte Frankreichs» schreibt er: «Das starke Mitleid, das, unter dem Eindruck des Todes der Jungfrau von Orléans, im französischen Königtum herrschte, ist die wahre historische Inspiration.»

Michelet rühmt sich der «Gabe der Tränen» – le don des larmes – und notiert am 30. Januar 1842 in seinem Tagebuch, daß der Schmerz der Schlüssel zur Geschichte sei: «In seinen persönlichen Schmerzen fühlt der Historiker die Schmerzen der Nationen und belebt sie wieder.» Die Geschichte ist eine Leidensgeschichte, die durch das Mitleid enthüllt wird.

TERROR UND LIBERALISMUS

Benjamin Constants Theorie der nachrevolutionären Gesellschaft

Die Gesellschaft, die in Frankreich nach der Hinrichtung Robespierres entstand, die thermidorianische Republik, machte mit dem Terror Schluß, blieb aber eine Republik. Der Konvent überlebte den Sturz der Jakobiner, weil ihm auch Abgeordnete angehörten, die zum Sturz des Tyrannen beigetragen hatten. Die Einmütigkeit des Rufes «Nieder mit dem Tyrannen», mit dem die Mitglieder des Konvents den Sturz Robespierres feierten, war jedoch eine Täuschung, denn in ihn stimmten auch die ein, die Robespierre bis zuletzt die Treue gehalten hatten. Wie der Konvent war auch die Gesellschaft in Anhänger und Gegner der Revolution gespalten, in Radikale, Gemäßigte und Befürworter der Monarchie, in Opfer und Täter des Terrors mit ihren vielen Helfern und Mitläufern. Es war eine Gesellschaft von Überlebenden. Die thermidorianische Republik wollte die Revolution beenden, der Rechtsstaat sollte einen Ausgleich zwischen unversöhnlichen Positionen herbeiführen. Die Einmütigkeit, die «unanimité», die in der revolutionären Gesellschaft alles durchdrungen hatte, taugte nicht mehr als Fundament der Politik. An die Stelle der revolutionären Gesellschaft trat eine Gesellschaft, die zwischen widerstrebenden Kräften vermitteln wollte.

Die thermidorianische Republik war ständig vom Bürgerkrieg bedroht, sie mußte das terroristische Erbe der Revolution unterdrücken und das republikanische Erbe institutionell sichern. Das politische Personal war mit dem der Schreckenszeit weitgehend identisch. Zum ersten Mal begegnet man hier dem Typus des «politischen Chamäleons», den ehemaligen Schreckensmännern, die sich an die neue Lage so gut anpaßten, daß sie unerkannt blieben. Sie mußten ihre Vergangenheit verleugnen und sich neue Biographien erfinden. Da dieses Kunststück aber nicht ohne Gewaltsamkeit und Lüge gelingen konnte, blieben sie Geiseln ihrer Vergangenheit. Ein ehemaliges Mitglied des Wohlfahrtsausschusses rief zu gegenseitiger Duldung auf: «Werfen wir uns weder unsere Leiden noch unsere Fehler vor!» Ein anderer Abgeordneter forderte: «Ziehen wir einen undurchdringlichen Vorhang vor die Vergangenheit.» Doch es gab Opfer der Diktatur, die sich damit nicht abfinden wollten. Sie plädierten dafür, den Vorhang zu lüften, die «Blutsäufer» zu entlarven und öffentlich bekannt zu machen. Dem widersetzten sich jedoch die neureichen Bürger, die sich am Vermögen der enteigneten Aristokratie und der Emigranten bereichert hatten. Sie waren die Revolutionsgewinnler und mußten die Mitwisser ihrer unrechtmäßigen Bereicherung beschwichtigen.

Die Spannungen in dieser Gesellschaft waren ungeheuer. Derselbe Konvent, der die politischen Gefangenen befreite, hatte sie ins Gefängnis geworfen. Die einen wollten die Monarchie wieder einführen, während andere, wie Gracchus Babeuf mit seiner «Verschwörung der Gleichen», das Werk des Terrors noch nicht für vollendet hielten. Sie führten das Scheitern des radikalen Flügels der Revolution darauf zurück, daß man nicht weit genug gegangen war. Zwischen diesen Extremen suchte die thermidorianische Gesellschaft einen dritten Weg. Sie wollte die Opfer der dunklen Vergangenheit entschädigen und die Verbrechen der Gewaltherrschaft wiedergutmachen. Die neue Regierung entschied sich für den Weg der Selbstreinigung, aber nicht aus Stärke, sondern weil sie zu schwach war, auf den Ruf nach Rache und Vergeltung mit einer Amnestie zu antworten. «Die Abkehr von der Schreckenszeit», schreibt Bronislaw Baczko, «vollzieht sich durch Ausgrenzung der ‹Schreckensmänner›, der ‹Jakobiner›, die Repression wird gerechtfertigt durch das Gut der Einheit, und diese Einheit muß gegen ‹Aufrührer› und ‹Nachfolger Robespierres› durchgesetzt werden. Die große Neuerung der Periode ist die Rückkehr der Besiegten, also der überlebenden Girondisten. Zum ersten Mal in ihrer Geschichte macht die Nationalversammlung die von ihr vorgenommenen Ausgrenzungen rückgängig, und dies nicht im Namen der Nachsicht, sondern im Namen der Gerechtigkeit.» Aber diejenigen, die jetzt die Parole ausgaben: «Die Gerechtigkeit auf die Tagesordnung», waren dieselben, die im Konvent gerufen hatten: «Den Schrecken auf die Tagesordnung.» Robespierres Stimme war in der neuen Parole noch zu vernehmen.

Die unbewältigte Vergangenheit

Wie weit sollte die Gerechtigkeit gehen? Die Opfer des Schreckensregimes forderten, die Männer zu bestrafen, die sie denunziert und ins Gefängnis gebracht hatten. Jedes Verbrechen der Schreckenszeit, das jetzt bekannt wurde, schürte den Haß und führte zu neuen Verdächtigungen, die nur durch die Angst vor der Rückkehr des Terrors gezügelt wurden. Die politischen Prozesse am Ende des Jahres 1794 waren eine Abrechnung mit der Revolution und ihren Greueltaten, aber viele Greuel, wie die Massenertränkungen in Nantes oder die Erschießung von Gefangenen in der Vendée, wurden erst durch sie bekannt. Die Vergangenheit, die überwunden werden sollte, wurde nur immer drückender. Die Prozesse belebten auch die Erinnerung an das alltägliche Grauen während des Terrors wieder. Erst jetzt begann man das ganze Ausmaß des Terrors zu ahnen und wurde sich auch der Schwierigkeiten einer Bewältigung der Vergangenheit bewußt. Zeitungen, antijakobinische Broschüren und immer neue Gerüchte schürten die Angst vor der Rückkehr des Terrors. Man mußte nach seinen Ursachen fragen, um seine Wiederkehr zu verhindern. Dabei konnte man sich nicht mehr auf die Schreckenszeit beschränken, sondern mußte die Revolution als ganze, ihre Absichten und deren Verwirklichung in Frage stellen. Der Terror war offenbar nicht nur ein Unfall gewesen, ein Entgleisen der Revolution, sondern er hatte sich von Anfang an abgezeichnet.

Die Revolution bekam, wie Bronislaw Baczko sagt, eine Vergangenheit, mit der sie nicht gerechnet hatte, nachdem sie 1789 die Vergangenheit des Ancien Régime ausgelöscht hatte. Sie selbst wurde jetzt zu einer Vergangenheit, die nicht getilgt werden konnte, sondern aufgearbeitet werden mußte. Dies war der Sinn der immer wieder erhobenen Forderung, die Revolution zu beenden. Dafür sollte auch die Verfassungsdiskussion Sorge tragen, ohne die Republik aufs Spiel zu setzen. Man wollte institutionelle Regelungen schaffen, um den Rückfall in die Barbarei zu verhindern. Die Republik sollte ein Rechtsstaat werden. Aus Angst vor neuem Terror suchte man nach immer neuen Mitteln, die Gesellschaft zu festigen. Dies führte auch zu einer neuen Aufgabenstellung für die Kultur. Sie sollte erzieherisch wirken und verhindern, daß die Barbaren, die den Terror entfesselt hatten, jemals wieder Einfluß gewinnen konnten. Bildung war nach diesem Verständnis immer auch politische Bildung, die Kultur sollte zur Stabilisierung der politischen Institutionen beitragen. Damals erfand man die moderne Kulturpolitik.

Um Vorkehrungen gegen die Wiederkehr der Greueltaten zu treffen, wurde ein neues Freiheitsverständnis propagiert: Freiheit als Freiheit individueller Selbstverwirklichung. Nichts sollte der Erfüllung der privaten Bedürfnisse und dem Wunsch nach Abwechslung und Unterhaltung im Wege stehen. Der Vorrang des Privaten drückte sich in der Literatur dieser Jahre in einer Fülle von persönlichen Zeugnissen aus, Geständnisliteratur, Tagebücher, Erinnerungen. Die Salons waren wieder geöffnet, Konversation, Klatsch und Mode beherrschten den Alltag. Seit August 1794 waren die Bälle wieder erlaubt, es kam zu einer regelrechten Tanzwut. Diese Veranstaltungen waren zugleich politische Demonstrationen, was sich daran zeigte, daß zu einigen Tanzfesten nur Eintritt erhielt, wer in seiner Verwandtschaft Opfer der Schreckenszeit nachweisen konnte. Diese Bälle, über die Stendhal in «Napoleons Leben» berichtet, hießen «bals des victimes», Opferbälle.

Es gelang der thermidorianischen Republik, aus der Befreiung vom jakobinischen Terror psychologischen Gewinn zu ziehen und die Zustimmung der Bevölkerung zu finden. Zum ersten Mal gab es Pressefreiheit und einen enormen Zuwachs an Zeitungen und Zeitschriften. Auch die Wissenschaften konnten sich befreit fühlen. Nach den geistigen Verheerungen des Terrors, der, wie das Schicksal Condorcets und Lavoisiers zeigt, vor den großen Geistern nicht Halt gemacht hatte, kam jetzt das Erbe der Aufklärung zu breiter öffentlicher Wirkung. Als gelte es, die verlorenen Jahre der radikalen Politik wettzumachen, erschienen gleich zu Anfang der thermidorianischen Republik bedeutende wissenschaftliche Arbeiten, von Laplace, Lamarck, Geoffroy de Sainte-Hilaire und anderen. In diesen Jahren wurden die Grundlagen des modernen Frankreich geschaffen. So gespalten diese Gesellschaft war, mußte man doch bald einräumen, daß sie sich mit eigener Kraft aus selbstverschuldetem Unglück befreit hatte. Es entstand eine Gesellschaft mit geschärftem moralischem Bewußtsein, doch unter dem Mantel des republikanischen Konsenses konnten sich extreme Einstellungen und Bestrebungen verbergen. Die Gefahr eines Staatsstreichs, einer egalitären Verschwörung oder eines royalistischen Umsturzes war noch nicht gebannt.

Die Stunde des Liberalismus

In dieser Gesellschaft entstand der kontinentale Liberalismus. Sein Erfinder war Benjamin Constant. 1767 in Lausanne geboren, verbrachte er seine Jugendjahre an vielen Orten Europas: 1774 in Brüssel, 1780 in London und Oxford, 1782 in Erlangen, 1785 in Edinburgh, 1785 bis 1787 in Paris und von 1788 bis 1794 in Braunschweig, wo er die deutsche Philosophie und Theologie kennenlernte. Von dort aus beobachtete er die Anfänge der Revolution. Das Universitätsmilieu der deutschen Provinzstadt reizte ihn zu entschiedenerer Parteinahme für die Revolution, als es seinen Überzeugungen entsprach. Seiner Freundin Isabelle de Charrière gesteht er: «Die Greuel, die sich in Frankreich ereignen, bedrücken mich. Wie kann man von mir erwarten, daß ich schreibe, während Köpfe rollen?» Sie rät ihm, sich dem autobiographischen Schreiben, der Mode der Zeit, zuzuwenden. Als der Terror seinem Höhepunkt entgegengeht, mäßigt Constant seine projakobinische Haltung und ist nun bereit, seine politischen Ansichten zu revidieren. Im Mai 1794 berichtet er, daß er sein Manuskript über die Geschichte der Religion wieder hervorgeholt habe, es sei «für die Freunde von Toleranz und Freiheit» bestimmt. Doch Robespierre kann er immer noch nicht verurteilen, er will abwarten, welche Wendung die Ereignisse nehmen. Man könne nur für die Revolution oder gegen sie sein, sich in der Mitte aufzuhalten, sei sinnlos. Gewalt und Unterdrückung hielt er für ein notwendiges Übel auf dem Weg zur Republik. War die Freiheit aber erst einmal gesichert, würden sie nicht mehr nötig sein. Als Benjamin Constant im September 1794 Madame de Staël kennenlernt, ändert er seine politische Haltung noch einmal und begrüßt, daß sich jetzt die gemäßigten Kräfte durchsetzen. Es brauche nur noch eine kleine Gegenrevolution, um zum republikanischen Prinzip zurückzufinden. Als er im Mai 1795 in Begleitung von Madame de Staël nach Paris zurückkehrt, ist die gewünschte Veränderung eingetreten: «Begeistert umarmte ich den revolutionären Gedanken», heißt es in seinem in vielen Zügen autobiographischen Roman *Cécile*: «Ehrgeiz packte mich, und ich konnte nur zwei Dinge sehen, die ich wollte: Bürger einer Republik sein und an der Spitze einer politischen Partei stehen.»

Im Juli 1795 verfaßt Constant, der sich an der Verfassungsdiskussion beteiligt, für die Zeitschrift «Le Républicain français» einen Aufsatz gegen die Reaktionäre unter den Emigranten. Alle Franzosen sollen die Republik und die gegenwärtige Regierung unterstützen. Zu fürchten sei in erster Linie die Rückkehr des Ancien Régime, der Monarchie und einer Aristokratie, die sich an den Königsmördern und ihren Sympathisanten rächen wolle. Die Absicht der Verfassung vom August 1795 war es, sowohl den Rückfall in den Terror als auch die Wiederkehr des Ancien Régime zu verhindern, indem das Stimmrecht an das Eigentum geknüpft wurde. Am 5. Oktober 1795 kommt es zu einem Aufstand von Gemäßigten und Royalisten, der aber durch Bonaparte niedergeschlagen wird. Constant ist Augenzeuge der turbulenten Ereignisse, die dem gescheiterten Aufstand folgen, man verhaftet ihn bei den Straßenunruhen, und er verbringt eine Nacht als vermeintlicher Royalist im Gefängnis. An der Seite der gemäßigten

Republikaner bekämpft er sowohl die Royalisten wie die Neu-Jakobiner und veröffentlicht eine Reihe kleiner Schriften, in denen er die Lage analysiert und für das liberale Verständnis der modernen Politik wirbt. Seine wichtigste politische Streitschrift «Über die Stärke der gegenwärtigen Regierung und die Notwendigkeit, sich ihr anzuschließen», mit der er die Regierung stützen will, erscheint im März 1796. In einem Aufsatz über die «Wirkungen des Terrors» zieht er 1797 das Fazit aus seiner Auseinandersetzung mit der Revolution. Er will zeigen, «daß der Terror nicht nötig war, um die Republik zu retten, daß er nur Unglück gebracht und der Republik alle Gefährdungen vererbt hat, die sie noch heute bedrohen». Constants Liberalismus ist nicht nur eine Theorie des Regierungshandelns und der politischen Einrichtungen, sondern der Entwurf einer Gesellschaft, die den revolutionären Terror hinter sich gelassen hat und für die Freiheit Institutionen schaffen will, die gegen Despotie und Tyrannei gesichert sind. Dieser Liberalismus setzte die Revolution voraus und hatte vor allem einen Feind, der aus derselben Lage hervorgegangen war: die Reaktion. Es war die erste Theorie einer nachrevolutionären Gesellschaft, die sich nach Constants Ansicht von allen früheren Gesellschaften unterschied. Die Bedürfnisse und das Freiheitsverständnis glichen nicht mehr denen der Menschen der Vergangenheit.

In seiner Rede «Einen Freiheitsbaum pflanzen», die Constant am 16. September 1797 in dem von ihm mitbegründeten «Cercle constitutionnel» hält, feiert er den Staatsstreich vom 3. und 4. September, in dem linke Konventsmitglieder eine royalistische Verschwörung sehen wollten, als Sieg der Republik, mißbilligt aber, daß man die Feinde der Republik durch ihre Deportation nach Cayenne aus dem Weg räumte. Welche Rolle Constant im Vorfeld des Staatsstreichs vom 18. Brumaire spielt, ist unklar. Talleyrand und Sieyès, damals seine engsten politischen Gefährten, bereiten den Staatsstreich vor, ohne ihn ins Vertrauen zu ziehen. Erst im letzten Augenblick erfährt Constant von ihren Plänen. Am Tag darauf warnt er Sieyès vor Bonaparte, dem es nur um seinen eigenen Aufstieg gehe. Im Dezember wird Constant Mitglied des soeben geschaffenen Tribunats, das die Gesetzesvorlagen prüfen soll, aber sie nicht abändern kann. Jetzt nimmt er auch die Arbeit an einer politischen Abhandlung wieder auf, die er unter dem Direktorium begonnen hat: «Fragmente eines aufgegebenen Werks über die Möglichkeit einer republikanischen Verfassung in einem großen Land». In seiner ersten Rede vor dem Tribunat Anfang Januar 1800 nutzt er auch diese Plattform, um vor der Gefahr der Tyrannei zu warnen.

Eine Theorie des Terrors

In seiner Abhandlung über die Stärke der thermidorianischen Republik erklärte Benjamin Constant, daß es zur Schwäche von Regierungen nicht dadurch komme, daß es ihnen an Macht und Machtbewußtsein fehlte, sondern weil die Regierungen die Gefahren vergaßen, denen sie ausgesetzt waren: «Wären die Regierungssysteme sich immer dessen bewußt, daß sie bedroht sind, würde es nie zu einer Erhebung gegen das Regime kommen.» Diese Erkenntnis beruhte auf der Erfahrung der Revolution, denn diese hatte bewiesen, daß die Macht immer nur eine vorübergehende war, so daß es keine stabile Regierung geben konnte. Man blickte auf ein fernes Ziel, das das Bestehende als bedeutungslos erscheinen ließ. Das Wort «état», das sowohl Staat wie Zustand bedeutet, hatte in den Turbulenzen der Revolution seinen Sinn verloren: Von Zustand konnte nicht die Rede sein, allenfalls davon, daß man entschlossen aufs Ziel lossteuern mußte, aber solange man dies tat, hatte die Macht nicht den Vorzug, der Ruhepunkt zu sein.

In den unbestreitbaren Schwächen der thermidorianischen Republik wollte Constant eine Stärke sehen. Denn das allgegenwärtige Mißtrauen, das aus der Ungewißheit entstand, wer in der Menge der Unzufriedenen sich zum Handeln entschließen würde, trug ungewollt zur Stabilität der Gesellschaft bei. Die Ungewißheit, wo Freund oder Feind standen, erzeugte eine gewisse Lethargie und Gleichgültigkeit. Unter solchen Bedingungen war die bloße Existenz der Regierung ein entscheidender Vorteil. Die Verhältnisse ließen sich aber nur dadurch stabilisieren, daß die Menschen ihr Verhältnis zur Vergangenheit grundlegend änderten. Um dies zu erreichen, rief Constant dazu auf, die Last der Vergangenheit abzuwerfen, die Gegenwart von der Vergangenheit zu befreien und einen Schlußstrich unter die Schreckenszeit zu ziehen: «Man muß sich beeilen, Erinnerungen und Haßgefühle abzulegen, sonst werden morgen an die Stelle dieser Haßgefühle nutzlose Klagen, an die der Erinnerungen bittere Reue treten.» Mit diesem Aufruf, die Leidenschaften der Vergangenheit auf sich beruhen zu lassen, stand Constant im Gegensatz zur offiziellen Politik, die die Vergangenheit juristisch und moralisch bewältigen wollte. Er dagegen fürchtete, daß die Prozesse, deren Ende nicht abzusehen war, im Bewußtsein der Bürger den Haß wach halten würden. Auch wenn dies nicht zu einem Bürgerkrieg oder zu neuen Greueln führte, würde es den Willen zu handeln lähmen. Man werde sich in Erinnerungen und Leidenschaften verlieren und sich des Handelns entwöhnen. Die Angst, die Constant umtrieb, war die Angst vor einer allgemeinen Lähmung. In ihr sah er die Hauptgefahr für eine in Sieger und Besiegte gespaltene Nation.

Mit seinem Rat, die schlimme Vergangenheit zu vergessen, wollte Constant die Greuel der Revolution nicht verharmlosen. Im Gegenteil, er wollte die positiven Resultate der Revolution anerkennen. Sie war für ihn unumkehrbar und unrevidierbar, sie war der Beginn einer neuen Epoche des Geistes und konnte nicht rückgängig gemacht werden: «Seit der menschliche Geist seinen Marsch vorwärts angetreten hat, kann ihn keine Invasion von Barbaren, keine Koalition von Unterdrückern, keine Berufung aufs Vorurteil zu einem Schritt zurück zwingen.» Sowohl die Anhänger wie die Gegner der Revolution mußten dies begreifen, denn beide hatten mit ihren Folgen zu tun. Beide wußten, daß ihrem Wollen enge Grenzen gezogen waren. Deswegen sollten Sieger und Besiegte in dem Augenblick, in dem die terroristische Dynamik zum Stillstand gekommen war, die Lehren aus der Revolution ziehen. Aber die, die in ihr eine führende Rolle gespielt hatten, weigerten sich, es zu tun. Constant erklärte dies damit, daß die Besiegten immer dazu neigten, «die Dinge wieder an sich ziehen zu wollen, statt ihnen zu folgen». Den Dingen zu folgen, sie auf sich zukommen zu lassen, anstatt sie zu lenken, das war die wichtigste Lehre aus dem, was geschehen war. Man sollte den revolutionären Tatendrang eindämmen, statt ihn durch die Beschwörung der Vergangenheit wach zu halten. Constant bekennt, er wünsche glühend das Ende der Revolution herbei, da sie für die Freiheit nur unheilvoll sein könne.

Obwohl Constant das Grauen nicht verkleinern wollte, mußte das grausame Erbe der Revolution von ihrem politischen Erbe getrennt werden. Er unterschied dabei zwischen einem politischen und einem moralischen Gedächtnis. Das politische Gedächtnis sollte das positive Erbe der Revolution in sich aufnehmen, das moralische Gedächtnis dagegen alles, was nicht wiedergutgemacht werden konnte. Die Erinnerung an die Verbrechen sollte im moralischen Gedächtnis aufbewahrt, im politischen Gedächtnis dagegen gelöscht werden, damit der Weg in eine stabile Republik möglich wurde. Das moralische Gedächtnis sollte die Politik entlasten und ihr das schlechte Gewissen nehmen. Eine zusätzliche Rechtfertigung für die Aufspaltung des Gedächtnisses in ein politisches und ein moralisches war, daß man aus den terroristischen Erfahrungen der Revolution nichts lernen konnte. Seine Warnung vor den gefährlichen Folgen einer Fixierung des Blicks auf die schreckliche Vergangenheit begründete Constant nicht nur mit der politischen Opportunität, sondern leitete sie aus der Erfahrung der Revolution ab. Die chaotischen Ereignisse lehrten seiner Ansicht nach nur eines: daß die Erfahrung für das Verhalten der Menschen bedeutungslos ist. Das Prinzip der Erfahrung, das Edmund Burke, der schärfste Gegner der Revolution, der Prinzipienreiterei der Revolutionäre entgegengehalten hatte, sah Constant durch den Verlauf der Revolution als widerlegt an. Auch aus dem Terror ließ sich nichts lernen.

Antike und moderne Freiheit

Es war die Aufgabe der politischen Theorie, die Freiheit dauerhaft gegen ein Entgleisen in den Terror zu sichern. Diese Aufgabe löste Constant, indem er den revolutionären Terror auf einen Irrtum der Revolutionäre zurückführte. Sie hätten sich über die Art der Freiheit, die sie verwirklichen wollten, getäuscht, indem sie die Freiheit der antiken Polis zum Vorbild nahmen, aber nicht erkannten, daß die Bedingungen der Verwirklichung der antiken Freiheit in der modernen Zeit nicht mehr gegeben waren. Statt die Freiheit ihrer eigenen Zeit zu verwirklichen, wollten die Revolutionäre die Freiheit des Altertums erneuern und gerieten so in einen tödlichen Konflikt mit den Bedingungen der modernen Gesellschaften. Der Terror der Revolution war die Folge. Er beruhte auf einer Verwechslung von zwei miteinander nicht verträglichen Arten der Freiheit. Diese überraschende These vertrat Benjamin Constant im Februar 1819 in einer Rede im Pariser L'Athénée Royal über die «Freiheit der Alten, verglichen mit der Freiheit der Modernen». Der Terror, erklärte er, sei die Folge eines Mißverständnisses, zu dem es ohne die Verklärung des Altertums nicht gekommen wäre. Die Greuel der Revolution wären den Menschen erspart geblieben, wenn sie die Freiheit verwirklicht hätten, die ihrer Zeit entsprach. Constants Aufruf am Beginn der thermidorianischen Republik, die Untaten der Schreckenszeit zu vergessen, fand durch diese Erklärung eine tiefere Begründung. Zu den Greueln sei es gekommen, weil die Revolutionäre auch dann noch an ihrem Irrtum festhielten, als seine Folgen nicht mehr zu übersehen waren. Das Volk dagegen habe diesen Irrtum nicht geteilt, es sei betrogen worden. Die politischen Führer drängten ihm eine Freiheit auf, die es gar nicht wollte, während sie ihm die persönliche Freiheit vorenthielten, die es wollte. War die Verwechslung der beiden unvereinbaren Arten der Freiheit beseitigt, konnte der Terror aus dem politischen Gedächtnis getilgt und dem moralischen Gedächtnis anvertraut werden. Die Revolution war zu einem tragischen Lehrstück über die moderne Gesellschaft geworden. Die eigentlich Schuldigen an dieser tragischen Verwechslung waren die, die schon vor der Revolution die antiken Republiken verherrlicht und zum Vorbild für die moderne Politik erhoben hatten. Ohne den Terror vorauszuahnen, hatten sie ihn vorbereitet.

Die Freiheit der Alten, die in der zweiten Hälfte des achtzehnten Jahrhunderts von einigen Philosophen gepriesen wurde, hatte in der modernen Gesellschaft keine Grundlage. Die Bürger der antiken Stadtstaaten waren stets bereit gewesen, ihre individuelle Freiheit aufzugeben, um an den politischen Aufgaben der Gemeinschaft teilhaben zu können. Jeder einzelne hatte teil an der Souveränität der Polis, und um diesen Einfluß wahrzunehmen, war jeder bereit, seine persönliche Unabhängigkeit aufzuopfern. Die Bürger in den kleinen Republiken des Altertums hatten deshalb einen ungleich größeren Einfluß auf das politische Leben als irgendein Bürger eines modernen Staates. Das politische Handeln wurde zur bevorzugten Tätigkeit der Bürger, obwohl ihre persönlichen Rechte als Bürger beschnitten wurden, um die Erweiterung ihrer politischen Rechte möglich zu machen. Der freie Polisbürger war, wie

Constant sagt, ein Sklave der Gemeinschaft. Die bürgerliche Freiheit dagegen, die «liberté civile», war den Völkern des Altertums unbekannt. In den modernen Staaten, gleich welcher Regierungsform, so Constant, haben die Bürger keinen unmittelbaren Anteil an der Ausübung der politischen Macht. Ihre Souveränität wird von Repräsentanten ausgeübt, also nicht direkt, sondern indirekt. Die moderne Freiheit wird deshalb als ungleich weniger lebendig erlebt als die Freiheit in den antiken Republiken. Denn sie ist nicht mit aktiver Teilhabe am politischen Leben verbunden und schafft keinen politischen Zusammenhalt. Die moderne Freiheit, erklärt Constant, sei von anderer Art, sie habe ihren Grund in der Reflexion, sei Freude an ihr und nicht, wie im Altertum, Freude am gemeinsamen Handeln. Die Beziehungen zwischen den Individuen hätten sich durch die Fortschritte der Zivilisation und durch die Mittel, die sie für ihr Glück aufwenden konnten, unendlich differenziert. Wollten also die Modernen in der Politik die Alten nachahmen, dann müßten sie viel mehr geben, als sie im Gegenzug erhalten könnten. Genau so war es während der Französischen Revolution, als von den Bürgern verlangt wurde, alles für das Gemeinwohl zu opfern.

Die Verwechslung der beiden Arten von Freiheit führte Benjamin Constant auf den Einfluß von zwei Philosophen zurück: auf Rousseau und Mably. Sie hätten die Veränderungen, die in zweitausend Jahren in den Anlagen der Menschen eingetreten waren, nicht begriffen. Rousseau habe verhängnisvolle Vorwände für mehr als eine Tyrannei geliefert, indem er die gesellschaftliche Macht, die kollektive Souveränität, die in anderen Jahrhunderten vorhanden waren, in unsere moderne Zeit übertragen wollte, während Mably, der auf das Vorbild der Alten fixiert war, Freiheit mit Gemeinschaft verwechselte. Nicht nur wollte er alles Handeln durch Gesetze regeln, er wollte sogar Einfluß auf das Denken der Handelnden nehmen, denn er habe die individuelle Freiheit «wie einen persönlichen Feind gehaßt.» Unter dem Einfluß von Rousseau und Mably, aber auch von anderen Philosophen der Aufklärung, ließen sich die Männer der Revolution von überholten Anschauungen leiten, die sie als zeitgemäße politische Vorstellungen anpriesen. Die Revolutionäre übten die öffentliche Gewalt in derselben Weise aus, wie es ihren Lehrmeistern zufolge einst in freien Staaten üblich gewesen war. Sie glaubten, daß auch in der modernen Gesellschaft alles dem Willen der Gemeinschaft unterworfen sein müsse und daß alle Beschränkungen der persönlichen Rechte durch die Teilhabe an der Staatsmacht mehr als ausgeglichen würden.

Das Ergebnis war, daß das wiedererrichtete Gebäude der Alten trotz aller Bemühungen, es mit Leben zu füllen, und trotz aller heldenhaften Taten in sich zusammensank. Constant erklärte dies damit, daß die Nation nicht glaubte, «daß ein fiktiver Anteil an einer abstrakten Souveränität die Opfer wert war, die man von ihr forderte». Damit war der Traum einer Wiederbelebung der politischen Freiheit der Alten ausgeträumt. Zweifellos waren diejenigen, die eine Erneuerung der antiken Republiken ersehnt hatten, die Schuldigen, doch in gewisser Weise waren auch sie unschuldig, da sie die Folgen ihrer Lehre nicht kannten. Statt also nach Schuldigen zu suchen, mußte man diesen Irrtum und dieses Mißverständnis ein für alle Mal aus der Welt schaffen, um eine Wiederholung zu verhindern. Dies war die politische Aufgabe, es galt, die Eigenart der modernen Freiheit zu begreifen. War dies gelungen, dann konnte man an der Freiheit als Prinzip der Revolution ohne ihre verheerenden Folgen festhalten. Entscheidend blieb die Erkenntnis, daß der Terror nicht die Wahrheit über die Revolution aussprach.

Horizont der Friedlichkeit

Die moderne Freiheit bedurfte keiner philosophischen Begründung. Sie war eine Tatsache der Entwicklung der zivilisierten Menschheit, und man konnte hinter sie nicht zurückgehen. Zur modernen Freiheit des Individuums gehörte, wie Constant erläutert, ein Grundzug des modernen Lebens: Abwechslung und Unterhaltung. Der Wunsch des einzelnen, seinen an sich gleichgültigen Beschäftigungen ungestört nachzugehen, sie von niemandem beurteilen und bewerten zu lassen, war Ausdruck der modernen Freiheit. Sie war vor allem Freiheit von der Politik. In der Sphäre der Unterhaltung verwirklichten die Individuen eine Freiheit, die durch Gesetze und Vorschriften nicht eingeschränkt werden durfte. Der Einzelne schätzte sie so hoch, weil sich in ihr die Unendlichkeit des Subjekts äußerte. Der Einzelne legte Wert darauf, seinen unernsten Tätigkeiten nachzugehen, ohne von ernsten politischen Fragen oder überhaupt durch Ansprüche anderer gestört zu werden. Die Gesellschaft, die Constant entwarf, war eine Gesellschaft von Individuen ohne starke Leidenschaften, die ohne Ehrgeiz ihren Interessen nachgingen. In seinen autobiographischen Aufzeichnungen bekennt er, er wünsche nur bei sich selbst zu sein und sich ausschließlich mit sich selbst zu beschäftigen. Damit ein solches Leben möglich war, mußte der Friede garantiert sein.

Diese liberale Gesellschaft war eine Antwort auf die Überforderung des Einzelnen durch die Politik. Dem entsprach ein Bild vom Menschen, der sich zu keinem Übermaß an Aktivität getrieben fühlte, sondern in Ruhe gelassen werden wollte. Nachdem die politischen Tugenden der Alten nicht mehr das alles beherrschende Vorbild waren, war den Menschen der Ehrgeiz nach hohen Zielen abhanden gekommen. Der Mensch Constants war weder von Furcht beherrscht wie der Mensch von Hobbes, noch von Sympathie und Mitgefühl geleitet wie der Mensch Rousseaus. Er wollte nur unterhalten werden, ob durch sich oder durch andere. In einer Selbstbezogenheit, die in sich selbst keine Ruhe fand, sondern nach außen gerichtet war, wollte er ein Leben führen, das mit disparaten Tätigkeiten ausgefüllt war. Benjamin Constant hat seinem Liberalismus und seiner Auffassung der Freiheit ein wenig anziehendes Menschenbild zugrundegelegt. Der einzelne war am treffendsten durch seine Haltlosigkeit zu charakterisieren, Ideale, Ruhm und Heldentum waren ihm fremd, sie gehörten einer verblaßten Vergangenheit an.

Die Welt des heroischen Individuums war untergegangen, die Französische Revolution hatte die letzten Helden zu Grabe getragen. Wenn es entgegen der Tendenz des Zeitalters noch Helden gab, waren es Helden wider Willen, die vielleicht noch ein momentanes Staunen hervorriefen, aber nicht mehr zur Nachahmung reizten: «An die Stelle des Ruhms soll man das Vergnügen setzen.» Ruhm und Heldentum gehörten zur rückwärtsgewandten Bildung, die zwar ein wichtiger Lebensinhalt des modernen Menschen wurde, mit der man sich aber nicht abgab, weil man handeln wollte, sondern nur, um sich abzulenken. Der gebildete Mensch studierte die Geschichte und beschäftigte sich mit Literatur und Kunst in der Absicht, in seinen Alltag anspruchsvolle Abwechslung zu bringen. Auch die Bildung gehorchte also dem Trieb des modernen Menschen, sich zu unterhalten, er vertiefte sich in ernste Fragen, um sich vom Ernst des Lebens abzulenken. Nicht nur Ruhm und Leidenschaft waren aus dem Leben der Gegenwart verschwunden, auch das Wunderbare gab es nicht mehr. In seiner 1814 erschienenen Abhandlung «Über den Geist der Eroberung», in der Constant eine Bilanz der napoleonischen Ära zog, bemerkt er, daß die spektakulärsten Unternehmungen Napoleons durchaus nicht als Sensation erlebt wurden. Die Öffentlichkeit nahm Bonapartes Expedition nach Ägypten mehr oder weniger teilnahmslos wahr, nach kurzer Zeit erlosch das Interesse an ihr. Sobald das Volk merkte, daß sie nicht zu seiner Unterhaltung dienen sollte, fühlte es sich nicht mehr angesprochen.

Weil das Leben für das moderne Individuum ein Spiel war und die Einzelnen sich in viele Richtungen entwickeln wollten, versuchte jeder, allen Störungen aus dem Weg zu gehen. Doch es gab eine mächtige Kraft, die sich der Freiheit des Individuums entgegenstellte: die Gleichheit. Sie hatte ihre Macht schon unter Beweis gestellt, als die Revolutionäre die Freiheit ausriefen und statt dessen die Gleichheit verwirklichten, so daß der Sieg der Freiheit im Kult der Gleichheit endete. Bemerkenswert sei, meint Constant, «daß die Gleichförmigkeit nie größeren Zuspruch gefunden hat als während der Revolution, die im Namen der Rechte und der Freiheit der Menschen gemacht worden war». In der modernen Gesellschaft gewann die Gleichheit ihre ganze Macht. Sie war mächtiger als die Freiheit, sie hatte sich seit den Anfängen der Menschheit immer mehr ausgedehnt. Über die Ruinen der Institutionen hinweg entwickelte sich die Menschheit immer mehr zur Gleichheit. Jeder Versuch, die Freiheit und insbesondere die Freiheit des Individuums gegen die Gleichheit zu verteidigen, blieb vergeblich. Aus der übermächtigen Gleichheitstendenz folgten auch die fast unüberwindlichen Schwierigkeiten, der modernen Freiheit eine institutionelle Form zu geben.

Im großen Experiment der nachrevolutionären Gesellschaft war es die Aufgabe des Liberalismus, dieser Entwicklung entgegenzutreten und die freiheitlichen Institutionen vor einem Abgleiten in Uniformität zu bewahren. Der Mensch wollte seine Individualität verwirklichen und in seiner Verschiedenheit anerkannt werden, aber da er die Freiheit der anderen nicht einschränken durfte, öffnete sich das Tor zur Gleichheit, die als öffentliche Meinung in die Sphäre der individuellen Freiheit eindrang. Die künstliche, mehr oder weniger homogene öffentliche Meinung unterdrückte das Abweichende der privaten Gedanken. Ohne es zu merken, paßten sich die Individuen der öffentlichen Meinung an, die gegenüber den Privatmeinungen den Vorteil hatte, institutionell abgesichert zu sein. Constant befürchtete, daß von dieser unaufhaltsamen Uniformierung der Privatsphäre die stärkste Bedrohung der Freiheit des Individuums ausgehen werde. Seine Gedanken über die Freiheit führten ihn zu düsteren Betrachtungen über das Schicksal der individuellen Freiheit, das er ohne Illusion und Hoffnung beschrieb. Die Freiheit, die der Mensch in der Revolution ergriffen hatte, konnte die Erwartungen der Individuen nicht erfüllen. Hin und her gerissen zwischen Spiel und Ernst, konnten die Menschen keine wirkliche Befriedigung finden. Die moderne Gesellschaft enthielt unlösbare Widersprüche. Zu diesen Widersprüchen gehörte, daß man in einer Epoche der Friedlichkeit zu leben glaubte, und daß doch immer wieder Kriege geführt wurden, die grausamer waren als die Kriege der Vergangenheit.

Vierhunderttausend bewaffnete Egoisten

Nach dem Ende der napoleonischen Zeit behandelt Benjamin Constant in seiner Abhandlung «Über den Geist der Eroberung und der Usurpation» ein Problem, das vor ihm noch niemand gesehen hatte: Warum sind die modernen Kriege so grausam, obwohl die Friedlichkeit der letzte Horizont der Gesellschaft ist? Die Freiheit des Individuums verwirklichte sich in einem von der Politik garantierten politikfreien Raum, in dem die einzelnen ihren friedlichen Beschäftigungen und ihren Bildungsinteressen nachgingen. Einer solchen Gesellschaft waren Heroismus und kriegerischer Heldenmut fremd geworden, für Heldentaten konnten sich die Menschen nur noch vorübergehend begeistern. Und doch führte diese Gesellschaft grausame Kriege. Man mußte also erklären, warum «unsere friedlichen Zeiten», wie Constant nicht ohne Sarkasmus sagt, ein so barbarisches Gesicht zeigen konnten wie in den letzten Feldzügen Napoleons. In seiner Analyse dieses Systems von Eroberungen und Besetzungen deutet Constant an, daß gerade die Friedlichkeit des modernen Menschen für die zunehmende Grausamkeit der modernen Kriege verantwortlich war. Die Barbarei des Krieges war offenbar die Kehrseite der bürgerlichen Welt der Bedürfnisse. In dieser

Gesellschaft entstanden neue Kriege, die «an die Stelle des Ruhmes das Vergnügen setzen und an die Stelle des Sieges die Plünderung». Der Krieg wurde zu einer willkommenen Abwechslung des eintönigen Alltags. In der vom Handel und vom Geschäft beherrschten Gesellschaft wurde der Krieg durch die Habgier ersetzt, die allein auf den Nutzen der Dinge sah, deren sich die Soldaten im Krieg bemächtigten.

Gerade weil die modernen Völker keinen kriegerischen Geist hatten, waren ihre Kriege so grausam. Das Vakuum, das das untergegangene Heldenethos zurückgelassen hatte, wurde von einer Vielzahl neuer Interessen ausgefüllt. Der moderne Krieg vereinte miteinander unverträgliche Verhaltensweisen, der Geist des Handels verband sich mit dem Geist des Krieges. Die wirtschaftlichen Interessen, denen man in friedlichen Zeiten folgte, wurden durch die Kriege noch gesteigert und äußerten sich so hemmungslos wie in barbarischen Zeiten die rohe Gier. Im Krieg verwilderte der zivilisierte Mensch, aber schlimmer noch, er legte in dieser Verwilderung die Züge des zivilisierten Verhaltens nicht ab: «Diese Vandalen verbinden die Brutalität der Barbarei mit dem Raffinement der Verweichlichung und die Hinterhältigkeit der Habgier mit den Exzessen der Gewalt.» Die Gewohnheit, alles zu berechnen, bemächtigte sich des Kriegsgeschehens und lieferte es zügellosen Begierden aus.

Die moderne Armee, die man in den napoleonischen Kriegen kennengelernt hatte, bestand, wie Constant sagt, «aus vierhunderttausend bewaffneten Egoisten», die weder Mitleid mit den Besiegten noch Achtung vor den Schwachen hatten. Die Besiegten waren der Habgier der Sieger ausgeliefert. Die zivilisierten Menschen, die gelernt hatten, ihre natürlichen Gefühle zu unterdrücken, taten dies auch im Krieg, und weil sie im Frieden eine gewisse gesellschaftliche Finesse erworben hatten, verübten sie die Grausamkeiten des Krieges mit einer Sorglosigkeit und Leichtigkeit, die man für Eleganz halten konnte. Hinzu kam, daß die Gewöhnung an gesetzmäßige Formen des Handelns dem im Krieg begangenen Unrecht die Unerbittlichkeit von Gesetzen verlieh. Man glaubte, ein Gesetz des Krieges zu vollstrecken. Im modernen Krieg, so lautet Constants Fazit, kehrten sich die Fortschritte der Zivilisation gegen die Zivilisation selbst, und die Menschen, die diese Kriege führten, waren von der restlichen Menschheit durch einen moralischen Abgrund getrennt, sie verhielten sich wie wilde Tiere, die mit vereinten Kräften über eine Herde herfallen.

Es lag Benjamin Constant fern, den Krieg als solchen anzuklagen. Er wich damit von der Linie der kriegskritischen Philosophie seit Voltaire ab, die nur die unheilvollen Seiten des Krieges sehen wollte. Es ist nicht wahr, erklärt Constant, daß der Krieg immer nur ein Übel ist. In manchen Epochen entspreche er der Natur des Menschen, fördere seine Fähigkeiten und mache Tugenden möglich, ohne die der Mensch sich nicht gegen Gemeinheit und Verbrechen behaupten könne. Vor allem aber seien die Tugenden, die man nur im Krieg erwerben kann, unentbehrlich, wenn eine Nation angegriffen wird und ihre Existenz verteidigen muß. Dann sei es legitim, sich zu verteidigen, und der durch die Gefahr geweckte Patriotismus bedürfe keiner Rechtfertigung. Constant kannte darüber hinaus den legitimen Krieg von Nationen, die durch ihre Lage oder ihren Nationalcharakter in Kriege verstrickt wurden und den kriegerischen Geist mit einfachen Sitten, Bündnistreue,

Achtung des Feindes und Mitgefühl mit den Unterlegenen verbanden. Die Erfahrung der Revolutionskriege und der napoleonischen Kriege ließ Constant jedoch daran zweifeln, daß diese legitimen Kriege im Europa seiner Zeit noch möglich waren.

Die Kriege der neuen Zeit hatten eine der Gewißheiten der Aufklärung ins Wanken gebracht: die Lehre vom «doux commerce», von der Milderung der Sitten durch den Handel. Die im achtzehnten Jahrhundert immer wieder ausgesprochene Erwartung, daß der kriegerische Geist in naher Zukunft vom Geist des Handels abgelöst würde, hatte sich nicht erfüllt. Man glaubte, daß man den Krieg als sinnlos erkennen würde, sobald die Menschen im Handel ihre wahren Interessen verwirklichten. Obwohl Benjamin Constant diese Hoffnung nicht aufgeben wollte, lehrten die Erfahrungen seiner Generation, daß sich der Krieg mühelos mit der zivilisierten Gesellschaft verbündete. Die Überzeugung vom unversöhnlichen Gegensatz von Handel und Krieg beruhte auf einer Täuschung. Denn Krieg und Handel hatten das gleiche Ziel, sich anzueignen, was man besitzen wollte. Nur die Mittel waren verschieden. Auch wenn der Krieg älter war als der Handel, konnte er ihm doch nachfolgen als Fortsetzung des Handels mit anderen Mitteln. Die Ziele der kommerziellen Gesellschaft ließen sich mit friedlichen wie mit kriegerischen Mitteln erreichen. Wählte man den Krieg, dann wurde er durch die Verhaltensweisen, die die Menschen in der kommerziellen Gesellschaft angenommen hatten, noch intensiver. Es kam zu Greueln, die mit dem Selbstverständnis der zivilisierten Gesellschaft schwer zu vereinbaren und ihr doch natürlich waren. Die Ansicht, daß die Epoche der Kriege zu Ende ging, ein Zeitalter des friedlichen Handels anbrach und die

Zeit nicht fern war, da der Krieg vom Handel abgelöst wurde, führte zur Intensivierung der Kriegführung und zur Verwilderung des kriegerischen Verhaltens. Die Kriege wurden so grausam, weil ihre Abschaffung unmittelbar bevorzustehen schien.

Zu Constants Analyse des modernen Krieges gehört auch seine Beobachtung, daß Kriege sich nicht rentierten und aus der Sicht der Individuen wie der Völker keinen greifbaren Nutzen mehr hatten. Unter dem Gesichtspunkt der Rentabilität ließen sich Kriege also nicht rechtfertigen. Trotzdem konnte man sie im Geist der Rentabilität führen, denn immer gab es andere Aspekte des Nutzens, die an die Stelle der Rentabilität traten. Und es gab einen Krieg, der nicht durch Rentabilität gerechtfertigt werden mußte: der Verteidigungskrieg. Sobald es um die Existenz der Nation geht, erübrigt sich die Frage nach dem Nutzen. Alle anderen Kriege wurden nach Nutzen und Kosten bewertet, eine Rechnung, die nie aufgehen konnte, da in der modernen Zeit selbst die gewonnenen Kriege mehr kosteten, als sie einbrachten. In einer Zeit, die dem Nutzen den Vorrang vor allem anderen gab, war dies das stärkste Argument gegen den Krieg. Man konnte freilich, wie Napoleon es getan hatte, alle Berechnungen von Kosten und Nutzen in den Wind schlagen. Dann kam es zum entfesselten Krieg, der Grausamkeit mit egoistischer Berechnung verband.

Das Ansehen des Krieges wurde nicht nur von der zunehmenden Brutalität entstellt. Weil er mit der Zustimmung des Volkes nicht rechnen konnte, mußte er durch Irreführung und Täuschung herbeigeführt werden, die ihm, um die Zustimmung des Volkes zu erlangen, den Anschein von Rechtfertigung gaben. Constant sah voraus, welche Rolle die Propaganda bei der Vorbereitung der Kriege der

Zukunft spielen werde. Seine Theorie der Friedlichkeit der modernen Gesellschaft mußte deswegen ergänzt werden durch eine Theorie des politischen Betrugs, der an der Person Napoleons und seinem System von Eroberungen und Usurpationen in Erscheinung getreten war. Benjamin Constant entdeckte, was sich seitdem immer wieder bestätigt hat: Friedlichen Völkern werden Kriegsgründe und Kriegsziele präsentiert, die so unkriegerisch erscheinen wie nur möglich. Dann kann die Verteidigung der Existenz eines anderen Volkes zum Kriegsgrund werden, und sogar die Bewahrung des Friedens läßt sich als Kriegsziel verkünden. In Wahrheit dient all dies der Verschleierung der ökonomischen Interessen, die der eigentliche Antrieb der kriegerischen Unternehmungen sind. Nachdem die Rechtfertigung des Angriffskrieges unmöglich geworden war, wurden Befreiungskriege zu legitimen Kriegen in der Epoche der Friedlichkeit: «Ich habe gesagt, daß der Friede dem Geist unserer Zeit entspricht, obwohl alle Völker miteinander Krieg führten. Sie taten es aber aus Liebe zum Frieden, sie erhoben sich im Namen des Friedens.» Am Horizont zeichneten sich Kriege ab, die um der Friedlichkeit menschlicher Existenz willen geführt werden – letzte Kriege.

DIE DUNKLE SEITE DER ZIVILISATION

Alexis de Tocqueville und die Demokratie in Amerika

Als Alexis de Tocqueville am 11. Mai 1831 in New York amerikanischen Boden betritt, lernt er sogleich ein Beispiel demokratischer Gleichheit kennen, das ihn erstaunt. Der Richter James O. Morse stellt ihn dem Gouverneur von New York vor, der sein Amt in seiner Wohnung ausübt und seine beiden Gäste ohne jedes Zeremoniell empfängt. In seinem Tagebuch notiert Tocqueville: «Mister Morse versicherte mir, daß es jedermann jederzeit freistünde, das gleiche zu tun wie wir.» Es ist Tocquevilles erste Begegnung mit der amerikanischen Demokratie, die er zusammen mit seinem Freund Gustave de Beaumont innerhalb eines knappen Jahres erforschen will. Sie erkunden New York und seine Umgebung, besuchen Boston, Philadelphia, Baltimore und Washington, reisen in den Nordwesten und nach Kanada und danach in den Süden der Vereinigten Staaten, den Mississippi hinunter und schließlich von New Orleans wieder nach Washington. Am 20. Februar 1832 gehen sie auf das Schiff nach Le Havre.

Aus seinem Staunen über die Gleichheit, das ihn auf seinen Reisen durch das Land nicht begleitete, zog Tocqueville eine Folgerung, die die herrschende Ansicht über das Verhältnis von Europa und Amerika auf den Kopf stellte. Der Philosoph John Locke hatte dafür die Formel gefunden: «In the beginning, all world was America», im Anfang war die ganze Welt Amerika. Diese Ansicht war bis in die Zeit Tocquevilles unerschüttert geblieben. Wenn man von Europa nach Amerika sah, blickte man in die eigene Vergangenheit. Man glaubte allenfalls, daß die Vereinigten Staaten Erfahrungen des alten Europa noch einmal wiederholen würden. Daß man dort Europas Zukunft vor Augen haben könnte, lag außerhalb der Vorstellungskraft der europäischen Zeitgenossen. Es war, wie François Furet betonte, Tocquevilles Leistung, mit diesem Vorurteil aufzuräumen. Die Vereinigten Staaten boten ihm nicht das Bild einfacher Lebensverhältnisse, von denen sich Europa entfernt hatte, sondern sie gaben ihm die lebendige Anschauung einer Zukunft, die Europa noch bevorstand. Tocqueville studierte die Vereinigten Staaten an der Schwelle ihrer Verwandlung in eine moderne demokratische Gesellschaft, und weil er diese Verwandlung als erster begriff, hat sein Buch bis heute nichts von seiner Bedeutung eingebüßt. Wie in vielen Einzelheiten seiner Untersuchung der amerikanischen Demokratie schloß Tocqueville auch hier an Einsichten der *Federalist Papers* von John Jay, Alexander Hamilton und James Madison an, die der herkömmlichen politischen Theorie eine neue Wendung gegeben hatten.

Während man bis dahin eine Demokratie nur in kleinen, überschaubaren Einheiten für möglich gehalten hatte, entwarfen sie für die amerikanische «Union» eine große konföderierte Republik und fanden die bis dahin vergeblich gesuchte Lösung der Aufgabe, Freiheit und Großräumigkeit miteinander zu verbinden. Damit legten sie das Fundament für die Zukunft der amerikanischen Demokratie.

Als junger Anwalt am Versailler Gericht hatte Tocqueville von der Regierung den Auftrag erhalten, das Strafsystem der Vereinigten Staaten zu untersuchen. Nachdem er sich 1831/32 in den Vereinigten Staaten umgesehen hatte, überließ er den Hauptanteil an der Enquête und ihre Publikation seinem Freund Beaumont. Schon bald hatte sich sein Plan, die Demokratie in Amerika umfassend zu unternehmen, in den Vordergrund gedrängt. Zunächst war es seine Absicht gewesen, die junge amerikanische Demokratie aus dem Blickwinkel der politischen Philosophie des alten Europa zu untersuchen. Der Aristokrat Tocqueville, dessen Klasse von der Revolution entmachtet worden war, sah sich, wie Carl Schmitt betonte, als Besiegten, der die Niederlage durch Erkenntnis der Kräfte zu begreifen suchte, die die Welt seiner Herkunft umgewälzt hatten. Er studierte dafür in erster Linie nicht die Schwächen, sondern die Stärken der Gegenseite. Daraus erklären sich nicht nur Tocquevilles bemerkenswerte Entdeckungen, sondern auch die Isoliertheit seiner Erkenntnisse.

Heute beruht Tocquevilles Ruhm auf Einsichten, die weit über seine Zeit hinausgriffen. Früher als andere war er zu der Einsicht gelangt, daß die demokratische Bewegung, die in den Vereinigten Staaten zu beobachten war, eine neue Weltordnung heraufführen würde. Dieser neuen Weltordnung hat er einige erstaunliche Prognosen gestellt.

So kann sein Buch über die amerikanische Demokratie im Zeichen der totalitären Diktaturen des zwanzigsten Jahrhunderts als Warnung vor den Gefahren der Gleichheit gelesen werden, die die Freiheit in Erstarrung enden läßt. Und am Ende des Kalten Krieges wurde man auf jene große Prognose aufmerksam, in der Rußland und Amerika als die beiden Völker der Zukunft erscheinen: «Es gibt heute auf der Erde zwei große Völker, die, von verschiedenen Punkten ausgegangen, dem gleichen Ziel zuzustreben scheinen: die Russen und die Amerikaner.» Dabei vertraue der Amerikaner, um sein Ziel zu erreichen, auf sein persönliches und materielles Interesse, und setze, ohne lenkend einzugreifen, auf die Kraft und den Verstand der Einzelnen, während der Russe die Gewalt der Gesellschaft in einem einzigen Menschen konzentriere: «Der eine hat als hauptsächlichen Antrieb die Freiheit, der andere die Sklaverei.» Nach etwas mehr als einem Jahrhundert erfüllte sich diese Prophezeiung von 1835, bis sie durch die Aufhebung dieser Weltordnung konsumiert war.

«Wo stehen wir?» fragt Tocqueville in seinem Buch über die Demokratie in Amerika. Er richtet diese Frage an seine französischen Mitbürger, die 1830 ein Aufflackern des revolutionären Feuers erlebt, aber die demokratische Tendenz nicht begriffen hatten. Tocqueville wollte sie in dem Land studieren, in dem sie sich von der Gründung der Vereinigten Staaten bis in die Gegenwart kontinuierlich entwickelt hatte. Nur dort ließ sich erkennen, was aus der Demokratie werden konnte, wenn man ihrer Entwicklung keine Hindernisse in den Weg legte. Dort konnte man auch sehen, daß sie nicht nur die politischen Institutionen bestimmte, sondern alle Lebensgebiete erfaßte, so daß zu ahnen war, was diese neue politische Kraft auch in Europa bewirken konnte. Während der erste, 1835 erschienene Band von Tocquevilles Buch, der die politischen Institutionen der Vereinigten Staaten untersuchte, den dreißigjährigen Verfasser sofort berühmt machte, ihm den Ruf eines Montesquieu seiner Zeit eintrug und den Weg in die Académie française ebnete, führte der fünf Jahre später erschienene zweite Band von Anfang an ein Schattendasein. Sein Thema waren der Alltag, das geistige Leben und die Sitten der Amerikaner. Tocqueville wollte zeigen, wie die Demokratie in alle Bereiche der Gesellschaft vordrang und ihnen ein neuartiges, in Europa unbekanntes Gepräge gab. Er entdeckte, daß die moderne Demokratie nicht nur eine Regierungsform war, sondern eine Lebensform. Bis heute findet dieser zweite Band weniger Verständnis als der erste, da Tocqueville die Grenze zwischen politischen Institutionen und Alltagsleben völlig neu gezogen hat. So konnte sich das Vorurteil bilden, es handele sich um eine Art von Völkerpsychologie, die ein Bild des Amerikaners zeichnen wollte. Dieses Mißverständnis wird durch manche seiner Kapitelüberschriften nahegelegt: «Warum die Amerikaner für allgemeine Begriffe mehr Sinn und Neigung haben als ihre englischen Vorfahren» oder: «Weshalb die amerikanischen Schriftsteller und Redner oft schwülstig sind». Solche skurril wirkenden Fragen verwandeln sich aber sofort in etwas aufregend Neues, wenn man den Begriff «Amerikaner» durch «Bürger einer demokratischen Gesellschaft» ersetzt.

Viele Beobachtungen Tocquevilles sind immer noch aktuell, er verwendet einen Schlüssel, den man noch heute im Schloß umdrehen kann, etwa wenn er die Umgangsformen der Amerikaner in ihrer Mischung von Unpersönlichkeit und Freundlichkeit beschreibt: «Die Demokratie schafft kein starkes Band zwischen den Menschen, aber sie erleichtert ihren Umgang miteinander.» Dies entspricht Tocquevilles Überzeugung, daß «durch die gegenseitige Wirkung der Menschen aufeinander die Gefühle und die Gedanken sich erneuern, das Herz sich erweitert und der Geist des Menschen sich entfaltet». Die amerikanische Gesellschaft war ein Beispiel dafür, daß die Gleichheit den Umgang der Menschen miteinander belebt. Als Gegenbild drängte sich Tocqueville die aristokratische Gesellschaft auf, von der er eine beklemmende Schilderung gegeben hat. Sie macht verständlich, warum er sich, obwohl durch seine Herkunft mit dieser Welt verbunden, von der demokratischen Gesellschaft so sehr angezogen fühlte. Das alte Frankreich dagegen erschien ihm als ein fremdes Land: «Die größten Veränderungen geschehen ohne Mitwirkung des einzelnen; er weiß nicht einmal genau, was geschieht, er ahnt es nur, er hat nur zufällig davon gehört. Mehr noch, das Los seines Dorfes, die Ordnung seiner Straße, das Schicksal seiner Kirche und seiner Pfarrei berühren ihn nicht. Er denkt, daß alle diese Dinge ihn überhaupt nichts angehen, daß sie einem mächtigen Fremden gehören, der Regierung heißt. Er lebt von seinem Besitz wie ein Nutznießer, ohne Besitzsinn und ohne an irgendwelche Verbesserungen zu denken. Die Gleichgültigkeit sich selbst gegenüber geht so weit, daß er, wenn schließlich seine eigene Sicherheit oder die seiner Kinder auf dem Spiel steht, die Arme verschränkt, anstatt die Gefahr zu beseitigen, und darauf wartet, daß die ganze Nation ihm zu Hilfe eilt. Obwohl dieser Mann seinen freien Willen so vollständig aufgegeben hat, behagt ihm das Gehorchen nicht mehr als jedem anderen, und doch unterwirft er sich der Willkür eines Beamten. Doch sobald die Macht sich zurückzieht, gefällt er sich darin, dem Gesetz zu trotzen wie ein besiegter Feind. Man sieht ihn denn auch unaufhörlich zwischen Knechtschaft und Zügellosigkeit schwanken.»

Zu diesem von Panik gezeichneten Bild der Gesellschaft seiner Herkunft gehören auch die Befangenheit der unteren Klassen gegenüber den oberen Klassen, die Absonderung ihrer Vergnügungen voneinander und die tiefe Kluft zwischen Reich und Arm. Die Ausweglosigkeit einer solchen Gesellschaft charakterisiert Tocqueville mit einem Satz Rousseaus: «Sind die Völker an diesem Punkt angelangt, so müssen sie entweder ihre Gesetze und ihre Sitten ändern oder sie gehen unter; denn dann versiegt die Quelle der bürgerlichen Tugenden; man findet noch Untertanen, man sieht aber keine Bürger mehr.» Das Gegenbild ist für Tocqueville die demokratische Gesellschaft, in der die Menschen für ihr Leben und für das ihrer Mitbürger Verantwortung übernehmen. Solche Bürger glaubte Tocqueville in Amerika zu finden. Die Demokratie versprach, ihn aus der Isolierung zu befreien, unter der er in der Gesellschaft Frankreichs litt und aus der er einen Ausweg suchte. «Sie können sich kaum vorstellen», schreibt er 1856 in einem Brief an eine Freundin, «wie schmerzlich und grausam es für mich ist, in dieser moralischen Isolierung zu leben, zu fühlen, wie ich mich außerhalb der geistigen Gemeinschaft meines Landes und meiner Zeit befinde. Die Einsamkeit in einer Wüste würde nicht schwerer sein, als diese Vereinsamung inmitten von Menschen. Denn, ich gestehe Ihnen diese Schwäche ein, die Vereinsamung hat mich immer geängstigt, und um glücklich und sogar ruhig zu sein, mußte ich immer in einer gewissen Übereinstimmung mit anderen leben und mit der Sympathie von meinesgleichen rechnen zu können – vielleicht mehr als man mit der Weisheit vereinbaren kann. Auf mich besonders kann man dieses Wort anwenden: Es ist nicht gut, allein zu sein.» Aus seiner Einsamkeit war er nach Amerika geflohen. Während ein Chateaubriand sich den romantischen Landschaften der Neuen Welt hingab, wollte er sich seinen Traum von politischer Beteiligung wenigstens als Zuschauer erfüllen.

Immer wieder betont Tocqueville die Unvergleichbarkeit der amerikanischen Verhältnisse. Es gebe kein anderes Land, in dem sich die Menschen so sehr bemühen, gesellschaftliches Wohlbefinden zu erlangen. Der Hang zu Verallgemeinerungen treibt Tocqueville voran, aber ständig legt er ihm neue Einzelheiten und Beobachtungen in den Weg, nutzt die Empirie als Gegengewicht. Wenn er es dann endlich wieder zu einer allgemeinen Einsicht gebracht hat, atmet er auf: «Man darf also in Amerika nicht Gleichförmigkeit und Beharrlichkeit in den Ansichten, nicht kleinliche Sorge für Einzeldinge, keine vollkommene Verwaltung suchen. Was man findet, ist das Bild einer Kraft, die freilich etwas roh, aber mächtig ist; Leben mit allen Überraschungen des Zufalls, aber auch voller Bewegung und Spannkraft.» Es ist ein Leben, das er nie kennengelernt hatte. Aber immerhin erinnert es ihn an das Gespräch mit seiner Spannung, seiner Abwechslung und seinen Zufällen. Tocqueville reagiert seinen Zentralisierungskomplex ab, der sich in der französischen Gesellschaft gebildet hatte und der zu seiner existenziellen Angst beitrug, zu dem Gefühl, in einem Gehäuse zu leben, das dazu noch falsch konstruiert war: «Es gibt europäische Nationen, in denen die Bewohner sich wie Leibeigene fühlten, denen die Geschicke des Ortes, in dem sie leben, gleichgültig sind.» Die amerikanische Demokratie schien ihm einen Ausweg zu zeigen.

Er wäre wohl gerne übergelaufen, versuchte aber, Haltung zu bewahren, und hielt sich bei endlosen Details auf, um nicht die Fassung zu verlieren. Die Demokratie bot ihm die Möglichkeit, die Chance der Mitwirkung zu ergreifen, aber statt an dieser Gesellschaft teilzunehmen, war er dazu verurteilt, sie nur zu beobachten.

Die Vereinigten Staaten von Amerika zeigten, was aus einer Demokratie werden konnte, wenn sie sich ungehindert und ohne historische Widerstände entwickelte. Damit rückte auch der bis heute noch nicht abgeschlossene Prozeß der modernen Demokratie in den Horizont der Überlegungen Tocquevilles. In dem Prozeß der Demokratisierung, den er als ganzen zu begreifen suchte, kann man drei Phasen unterscheiden: die erste Phase, die von der Philosophie des achtzehnten Jahrhunderts in Entwürfen zum Ewigen Frieden abstrakt formuliert wurde und die im Terror der Französischen Revolution und in der Despotie Napoleons zum Stillstand kam; die zweite Phase, die unter der britischen Weltherrschaft im neunzehnten Jahrhundert eine Epoche der machtgestützten humanitären Moral begründete und die in der Katastrophe des Ersten Weltkriegs unterging; und schließlich die dritte Phase, die mit Nachdruck seit der Mitte des zwanzigsten Jahrhunderts die Spuren der Gewaltherrschaften zu beseitigen sucht und überall demokratische Institutionen fördern will. Diese aktuelle Phase steht im Zeichen der Globalisierung und der Menschenrechte und wiederholt in vielem die Moralprobleme des neunzehnten Jahrhunderts. In seinem Amerikabuch überblickt Tocqueville aus eigener Erfahrung die erste und prognostisch die zweite Phase. Er verfügte damit über die wichtigsten Voraussetzungen, um die amerikanische Demokratie zu beurteilen.

Das neue demokratische Ethos

In Amerika glaubte Tocqueville Zeuge eines neuen, weder in der Antike noch in der christlichen Epoche vorgebildeten oder vorhandenen Ethos zu werden. Dieses neue Ethos, das im achtzehnten Jahrhundert auftaucht, hat Arnold Gehlen als «Ethisierung der Ideale des Wohllebens» bezeichnet und erläutert. Dieses Wohlleben soll auf alle ausgedehnt werden und wird als ein oberster Imperativ behandelt. Das Glück, von dem in der amerikanischen Unabhängigkeitserklärung die Rede ist, war nicht nur Verheißung, sondern eine gegenseitige Verpflichtung des Individuums und der Gesellschaft, so daß man sich, wenn das versprochene Wohlleben ausblieb oder vorenthalten wurde, empören konnte. Der Staat wird zum Verteiler von Glück, die Politik zur Glückstechnik und Gleichheit und Freiheit werden zu Glückspostulaten. Hindernisse, die sich der Verteilung entgegenstellen, müssen beseitigt, überschüssiges Wohlleben muß beschnitten werden. Mit diesem neuen Ethos habe, meint Gehlen, der Siegeszug einer humanitären Moral des «ethisierten Wohllebens» begonnen, wobei erstaunlich sei, daß der Hang zum Wohlsein eine Ethik hergeben könne. Schon damals zeichnete sich der moderne Moralkonflikt ab: «Der geniale Tocqueville», schreibt Gehlen, «ahnte das Labyrinth, das aus dem Sichkreuzen verschiedener Moralen entstehen würde, denn er nannte ‹diese Sorte von Hang zum Wohlsein, die die Mutter der Knechtschaft ist, eine weiche Passion, die zäh und unablenkbar auftritt›, und fand zu seiner Verwunderung, daß sie sich ‹mit gewissen privaten Tugenden verflicht: dem Familiensinn, der Ordentlichkeit, dem Respekt vor dem Glauben›. Daß die Ethisierung des Wohlseins die privaten Tugenden in den Vordergrund schieben würde, dies vorauszusehen war großartig, auch wenn ihm noch verborgen blieb, daß dann die Privatisierung auch des Lasters folgen würde und man an ihnen nicht mehr Anstoß nähme, worauf sie wiederum öffentlichkeitsfähig wären. Das zu entwickeln, blieb unserem Jahrhundert vorbehalten: die Moral, nämlich die humanitäre des ethisierten Wohlstandes, in großartigem Siegeszug, und die Sitten in vollem Verfall.»

Das Ethos der Demokratie meinte Tocqueville auch in der beispiellosen Mobilisierung der Tätigkeiten zu erkennen, die alle Mitglieder der Gesellschaft erfaßte. Gleichheit und Freiheit traten in einen riskanten Wettbewerb miteinander, dem er mit der Skepsis des Aristokraten zusah, der jedoch nicht aufzuhalten war: «Die demokratische Revolution, deren Zeugen wir sind, ist eine Tatsache, gegen die zu kämpfen weder zu wünschen noch klug wäre.» Seine zwischen Optimismus und Pessimismus schwankende Haltung erläutert Tocqueville mit dem Hinweis, daß er kein Gegner der Demokratie sei, sondern ihr gegenüber nur aufrichtig sein wolle. Er befürchtete, daß über kurz oder lang die Freiheit durch die Ansprüche des Wohllebens gefährdet werden konnte. In Amerika sah er den Schritt zur egalitären Auslegung des Glücks konsequent vollzogen, und eine Zukunft zeichnete sich ab, durch die sich diese Gesellschaft von der Europas tief unterscheiden würde, bis auch dort, wie Tocqueville erwartete, die große demokratische Tendenz zum Durchbruch kommen würde. Amerikas Zukunft stand ihm deutlich vor Augen: «Eine

Zeit wird also kommen, da man in Amerika 150 Millionen einander gleichgestellter Menschen sehen wird, die alle der gleichen Familie angehören, vom gleichen Ausgangspunkt ausgehen, die gleiche Kulturstufe, die gleiche Sprache, die gleiche Religion, gleiche Gewohnheiten, gleiche Sitten haben und von einem Denken durchpulst sind, das sich in den gleichen Formen und Farben malt.» Dies ist das Schlußbild der Entwicklung der demokratischen Revolution, von der Tocqueville sagt, daß sie «mitten unter uns» vor sich gehe und daß alle sie sähen, aber nicht alle in der gleichen Weise über sie urteilten.

Besonders fesselte ihn die ethische Seite dieser Umwälzung, die eine neue Art des Mitleids hervorbrachte, das von den mitmenschlichen Regungen in der aristokratischen Gesellschaft denkbar weit entfernt war. In ihr habe es «echtes Mitgefühl nur unter seinesgleichen» gegeben, zwischen Menschen, mit denen man durch Verwandtschaft oder andere enge Bande verbunden war. «Nicht dem Menschen glaubte man die Hilfe schuldig zu sein, sondern dem Vasallen oder dem Herrn. Die feudalen Lebensformen weckten ein feines Empfinden für die Leiden bestimmter Menschen, nicht aber für die Nöte der Menschen schlechthin.» Sie verliehen den Sitten eher Großmut als Sanftheit, und obgleich sie zu großer Hingabe aufforderten, erzeugten sie kein wirkliches Mitgefühl. Tocqueville wunderte sich deswegen nicht über die Kälte gegenüber den Dienstboten und die Unbekümmertheit, die man in ihrer Anwesenheit an den Tag legte. Denn man hielt sie nicht für Menschen von der gleichen Art. Die ungleiche Verteilung des Mitgefühls in aristokratischen Gesellschaften war, wie Tocqueville hervorhebt, nicht Ausdruck von Haß oder Verachtung des Volkes, man habe eher dem Instinkt als einer Leidenschaft gehorcht. Da man von den Leiden der Armen keine Vorstellung hatte, war die Anteilnahme an ihrem Los gering.

Als Beleg dafür zitiert Tocqueville einen Brief von Madame de Sévigné, in dem sie mit ihrer gewohnten Gelassenheit über die Aufstände in der Bretagne im Jahr 1675 schreibt: «Vorgestern flocht man einen Geiger aufs Rad, der mit dem Tanz und der Plünderung des Stempelpapiers angefangen hatte; er wurde gevierteilt, und die vier Stücke seines Körpers wurden in den vier Ecken der Stadt aufgehängt.» Etwas später berichtet sie: «Wir werden hier nicht mehr so gerädert, nur einer in acht Tagen, damit die Gerechtigkeit aufrechterhalten wird. Es ist wahr, daß das Hängen mir jetzt als Erfrischung erscheint. Ich habe, seit ich in diesem Lande bin, einen ganz anderen Begriff von Gerechtigkeit erhalten. Eure Galeerensträflinge kommen mir vor wie eine Gesellschaft von Ehrenmännern, die sich aus der Welt zurückgezogen haben, um ein angenehmes Leben zu führen.» Dies war der aristokratische Ton der Leichtigkeit und Frivolität, der zeigte, daß Madame de Sévigné keine Vorstellung vom Leiden anderer hatte. Zu seiner Zeit, bemerkt Tocqueville, würde sich nicht einmal der kaltschnäuzigste Mensch solche Späße erlauben. «Sind wir feinfühliger als unsere Vorväter?», fragt er und verneint es, obwohl «unser Mitfühlen» sich auf eine größere Anzahl von Wesen erstrecke. In der Demokratie könne jeder sich in die Empfindungen anderer hineinversetzen, es gebe in ihr kein Elend, das nicht jeder, ob Freund oder Feind, mühelos begreife. Die Einbildungskraft könne sich an die Stelle jedes Menschen versetzen und verschmelze das Mitleid mit persönlichem Erleben – «es läßt ihn selbst leiden, während man den Leib seines Mitmenschen zerreißt».

Gefühle sind lange exklusiv, bevor sie die Menschheit zu umfassen beginnen. Das Studium der amerikanischen Gesellschaft überzeugte Tocqueville davon, daß es tatsächlich eine Erweiterung der moralischen Gefühle gab. Diese Entwicklung war in Amerika weit fortgeschritten, allerdings mit der Einschränkung, daß es zugleich ein Absinken des Gefühlsniveaus und eine Abschwächung der Leidenschaften gab. «In den demokratischen Zeiten», meint Tocqueville, «opfern sich die Menschen selten füreinander auf, aber sie bekunden ein allgemeines Mitgefühl für alle Angehörigen der Menschheit.» Sie fügten anderen kein sinnloses Leid zu und wenn sie, ohne sich selbst sehr zu schaden, die Schmerzen anderer lindern könnten, täten sie es gerne. Obwohl nicht uneigennützig, seien sie milde gestimmt. Ihr Egoismus vertrage sich mit dem Mitgefühl. Doch mit der Vermehrung der Gelegenheiten, es zu äußern, verlor dieses Gefühl an Intensität und verschwand, sobald die Gleichheit aufhörte. Im Umgang mit Sklaven gab es keine Gleichheit und folglich auch kein Mitgefühl. Während in der aristokratischen Gesellschaft die Zugehörigkeit zu derselben Schicht die Äußerung des Mitgefühls möglich machte, war es in der demokratischen Gesellschaft die Gleichheit, die solche Nähe schuf. Das war auch, wie Tocqueville meinte, der Grund dafür, daß die Amerikaner so wenig Anteilnahme an Menschen außerhalb ihrer Grenzen zeigten: «Die Gleichheit reicht nicht so weit.»

Eine Gesellschaft, die sich selbst regieren will, ist auf eine moralische Disziplin der Bürger angewiesen, die sich nicht aus Furcht vor Strafe, sondern freiwillig und aus rationalen Erwägungen unterwerfen. Diese sanktionslose Disziplin beruhte auf einem Glauben, der im Bewußtsein des einzelnen Bürgers tief verwurzelt war und sich unmittelbar in soziales Verhalten übersetzte. Die moralische Disziplin war das soziale Gewissen der Bürger, letztlich aber der Glaube der Gesellschaft an sich selbst. Dies drückte sich, wie Tocqueville feststellte, in einem unerschütterlichen Vertrauen zu den Gesetzen aus: «In keinem Land der Welt ist die Sprache des Gesetzes so unbedingt.» Gesetzesglaube, erweitertes Mitgefühl, soziale Freundlichkeit – all dies gehörte zu den Lichtseiten der demokratischen Gesellschaft. Das Unpersönliche der Beziehungen wurde durch Freundlichkeit aufgehellt. Jeder erkannte sich in allen: «Wenn der in demokratischen Ländern lebende Mensch», erklärt Tocqueville, «sich selbst mit allen seinen Nächsten vergleicht, erkennt er stolz, daß er einem jeden von ihnen gleich ist.» Entscheidend ist das Wort «stolz». In einer demokratischen Gesellschaft hat die Wahrnehmung der Gleichheit nichts Erniedrigendes.

Sklaverei in der Demokratie

Der Ansicht von Alexis de Tocqueville, daß in den Vereinigten Staaten auf der Grundlage der Gleichheit eine neue Mitleidskultur entstanden sei, hat Hannah Arendt in ihrem Buch über die Revolution widersprochen. Während das Mitleid für die Französische Revolution «eine Art Selbstverständlichkeit» gewesen sei, habe es in der amerikanischen Revolution keine Rolle gespielt. Man habe die Sklaven nicht weiter beachtet, obwohl es schon in der Mitte des achtzehnten Jahrhunderts bei einer Gesamtbevölkerung von zwei Millionen Weißen etwa vierhunderttausend schwarze Sklaven gab. John Adams hat dies damit rechtfertigen wollen, daß die schwarzen Sklaven völlig unsichtbar gewesen seien. Das Elend der Sklaven wurde nicht wahrgenommen, so daß, wie Hannah Arendt meint, «die stärkste und vielleicht gefährlichste aller revolutionären Leidenschaften, die Leidenschaft des Mitleidens» in Amerika keine Rolle gespielt habe. Denn die Leiden anderer Menschen müssen, um empfunden zu werden, zuerst wahrgenommen werden. Das war, wie die Äußerung von John Adams zeigt, sogar bei den amerikanischen Gründervätern nicht immer der Fall. Die Wahrnehmung des Leidens setzt voraus, daß sie von jedermann unter ähnlichen Bedingungen geteilt wird. Tocqueville erklärt das Ausbleiben des Mitleids gegenüber Schwarzen und Sklaven damit, daß zwischen ihnen und den Weißen keine Gleichheit herrschte.

Die ambivalente Einstellung der führenden Köpfe der amerikanischen Revolution kann wie ein Schwanken zwischen diesen beiden Auffassungen des Mitleids – als spontaner Impuls oder als gesellschaftlich vermitteltes Gefühl – erscheinen. Der Plantagenbesitzer Jefferson wetterte mit starken Worten gegen die Verhältnisse, in denen er selbst lebte, ohne daß er bereit gewesen wäre, sie zu beseitigen: «Der ganze Umgang von Herr und Knecht», erklärte er, «ist eine unaufhörliche Entfesselung der wüstesten Leidenschaften, absolut unerbittlicher Despotismus auf der einen und erniedrigende Unterwürfigkeit auf der anderen Seite.» Deutlicher kann man sich über dieses Verhältnis nicht aussprechen. Doch obwohl er das Ende der Sklaverei herbeisehnte, blieb Jefferson sein Leben lang Eigentümer von Sklaven. Dieselbe Zweideutigkeit erscheint auch in der Eingangsformel der Unabhängigkeitserklärung, daß alle Menschen gleich geschaffen seien. Jefferson ersetzte in der Trias von: «Life, Liberty and Property» den Begriff des Eigentums durch das «Streben nach Glück», was jedenfalls einen Anspruch der Sklaven hätte einschließen können. Doch wieder tat er nichts, um diese Lesart zu unterstützen, und entschuldigte dies damit, daß die öffentliche Meinung für die Emanzipation noch nicht reif sei. Die Sklaverei war zu einem tiefverwurzelten Bestandteil des amerikanischen Lebens geworden. Die Vorurteile der Weißen und die Erinnerung der Schwarzen an das ihnen zugefügte Unrecht machten es unmöglich, daß sie jemals gleichberechtigte Mitglieder der amerikanischen Gesellschaft sein würden. Als Tocqueville fast fünfzig Jahre später einen blutigen Bürgerkrieg zwischen Weißen und Schwarzen voraussagte, war die Lage immer noch dieselbe, da man die Frage der Sklaverei aus allen politischen Debatten ausgeklammert hatte.

Die amerikanische Verfassung hatte in einem ihrer Artikel festgelegt, daß diese Frage bis 1808 nicht behandelt werden durfte, da sie die Ratifizierung praktisch unmöglich gemacht hätte. Jeder Verstoß gegen die Klausel war ein Verfassungsbruch, so daß die Sklavenwirtschaft dadurch als gebilligt gelten konnte. Man vertagte die Entscheidung darüber, weil die Union sonst nicht zustande gekommen oder in ihren Anfängen daran zerbrochen wäre. Doch als der von der Verfassung festgelegte Zeitpunkt gekommen war, hielt man die Behandlung der Frage nicht mehr für dringlich, weil die Republik sich konsolidiert hatte. Die späte Folge war der Bürgerkrieg, der eine lange aufgeschobene Entscheidung gewaltsam herbeiführte. Tocqueville hatte ihn vorausgesagt, da er das Sklavenproblem der Amerikaner für unlösbar hielt, denn sogar die Abschaffung der

Sklaverei und die rechtliche Gleichstellung der Schwarzen würden die moralischen Barrieren zwischen den beiden Rassen noch unüberwindlicher machen.

Für den Fall, daß die Sklaverei abgeschafft würde, rechnete er mit einem Rassismus, der die ehemaligen Sklaven in der weißen Gesellschaft Amerikas isolieren und sogar zu Opfern von Verfolgung und Vernichtung machen würde. Diejenigen, die an eine Annäherung von Weißen und Schwarzen glaubten, jagten einem Trugbild nach. Wenn die gesetzlichen Schranken zwischen ihnen fielen, blieben sie durch die Sitten getrennt: Er sehe, schreibt Tocqueville, daß die Sklaverei zurückgehe, doch das Vorurteil, auf dem sie beruhte, bleibe unerschüttert. Die Rassenvorurteile nähmen sogar noch zu, wie er in den Staaten beobachtete, die die Sklaverei abgeschafft hatten: «So scheint in den Vereinigten Staaten das Vorurteil gegen die Neger in dem Maße zu wachsen, als sie aufhören, Sklaven zu sein, und die Ungleichheit setzt sich in dem Maße in den Sitten fest, als sie aus den Gesetzen verschwindet.» Man greift zu neuen Mitteln der Abgrenzung der Rassen voneinander, sie haben getrennte Wohnviertel, Kirchen und Schulen. Jede Berührung im Alltagsleben wird unterbunden. Unter diesen Bedingungen sah Tocqueville nur die Alternative von radikaler Trennung oder Vermischung, ein Zusammenleben als gleichberechtigte Bürger hielt er für ausgeschlossen. Auch dies konnte als Folge der amerikanischen Demokratie gesehen werden, denn sie fügte zum Stolz auf die Herkunft noch den Stolz auf die Freiheit hinzu. Die Hoffnungen, die von der Befreiung der Sklaven geweckt wurden, waren bald verflogen, die Versprechen der Gesetzlichkeit erwiesen sich als hinfällig, mehr noch, selbst die Gesetze trugen nichts zur Besserung der Lage bei. Daß der

Rassismus in der amerikanischen Demokratie eine Folge der Befreiung der Sklaven gewesen sei, ist ein düsteres Paradox, das Tocqueville in sein Zukunftsbild Amerikas eingezeichnet hat.

Die dunkle Seite der Moral

Dies führte Tocqueville zu einer Theorie der dunklen Seite der zivilisierten Moral. Sie zeigte sich am Verhalten der europäischen Kolonisatoren zu den indianischen Ureinwohnern. Krieg und Kultur waren unauflösbar miteinander verbunden, beide waren Instrumente der Vernichtung. «Die Wilden Nordamerikas», schreibt Tocqueville, «haben nur zwei Möglichkeiten, der Vernichtung zu entgehen: Krieg oder Kultur.» Doch wie sie sich auch entschieden, das Ergebnis war dasselbe. Entschieden sie sich für die Kultur, indem sie sich an die neuen Herren anschlossen, dann verschwanden sie durch Assimilation. Entschieden sie sich für den Krieg, dann wurden sie ausgelöscht: «Von welcher Seite auch immer man das Schicksal der Eingeborenen Nordamerikas betrachtet, man sieht nur unheilbare Übel: Bleiben sie Wilde, so treibt man sie vor sich her; wollen sie Kultur annehmen, so liefert sie die Berührung mit Menschen, die zivilisierter sind als sie, der Unterdrückung und dem Elend aus.» Tocqueville schloß daraus, daß die Indianer Nordamerikas zum Untergang verurteilt waren, und er sah dies bei seinen Expeditionen zu den Indianern schon so gut wie vollzogen. Auf der einen Seite war in wenigen Generationen eine mächtige, bevölkerungsreiche

Nation herangewachsen, auf der anderen Seite die dezimierte und überallhin zerstreute Urbevölkerung des Kontinents. Weder habe man, erklärt Tocqueville, unter den Völkern jemals eine so «märchenhafte Entwicklung» auf der einen noch auf der anderen Seite eine so rasche Vernichtung gesehen.

Das Vorgehen der Amerikaner und das Schicksal der Indianer vergleicht Tocqueville mit dem Vorgehen der Spanier in Mexiko und Südamerika. Durch ihre beispiellose Grausamkeit gegen die Völker, die sie bei ihrer Ankunft angetroffen hatten, hätten sie ihr Ziel jedoch verfehlt. Mit all ihren Greueltaten, die unauslöschliche Schmach über sie brachten, sei es den Spaniern nicht gelungen, die Indios zu vernichten: «Sie hetzten ihre Hunde auf sie wie auf wilde Tiere, sie plünderten die Neue Welt wie eine erstürmte Stadt, wahllos und erbarmungslos. Aber alles kann man nicht zerstören, das Wüten nimmt irgendwann ein Ende, der Rest der Indianervölker, der den Metzeleien entrinnt, vermischt sich schließlich mit den Siegern und nimmt ihren Glauben und ihre Sitten an.» Der überraschende Schluß weist auf die Rolle des Unbeabsichtigten in der Geschichte hin. Weil die Spanier die Indios nicht vernichten konnten, mußten sie am Ende zulassen, daß die Überlebenden ihre Rechte mit ihnen teilten. Haß und Vernichtungswille der Spanier, so Tocqueville, hätten keine unüberbrückbare Kluft zwischen Verfolgten und Verfolgern schaffen können. Es entstand vielmehr eine Art Symbiose der Kulturen, wie es sie bis dahin nirgendwo sonst gegeben habe, und zu der es nicht einmal in den Vereinigten Staaten zwischen Indianern und Weißen gekommen sei.

Verglichen mit der Grausamkeit der Spanier, erklärt Tocqueville, hätten die Amerikaner die Lösung der Indianerfrage «mit erstaunlicher Leichtigkeit» gefunden, gesetzlich, sogar menschenfreundlich und ohne in den Augen der Welt einen einzigen der großen sittlichen Grundsätze zu verletzen. Diese erstaunliche Feststellung, die in krassem Gegensatz zu seiner eigenen Schilderung und Beurteilung des Verhaltens der Amerikaner steht, bedarf der Erklärung. Der Schlüssel liegt in dem Wort «gesetzlich». Die Amerikaner hätten bei ihrem Vorrücken nach Westen stets Absprachen gesucht, denen sie die Form von Gesetzen gaben. Sie bedienten sich der Legalität als Mittel der Eroberung. Krieg und Kultur gingen dabei eine neue Art von Verbindung ein. Im Schutz einer – oft manipulierten und erschlichenen – Legalität glaubten sie, sich auf sicherem Boden zu bewegen, und demütigten die Besiegten ein weiteres Mal. Tocquevilles Schilderung des Vorgehens der Amerikaner gegen die Indianer schließt mit der Feststellung: «Man könnte die Menschen nicht mit mehr Ehrfurcht vor den Gesetzen der Menschlichkeit vernichten.» Zum ersten Mal wird die Möglichkeit einer Vernichtungspraxis ins Auge gefaßt, die sich der gesetzlichen Formen einer zivilisierten Gesellschaft bedient. Die Wahrung der Formen des Rechts bei der Vollstreckung eines offenkundigen Unrechts war Ausdruck des Glaubens der amerikanischen Demokratie und der zivilisierten Gesellschaft an sich selbst und an ihre Moral.

Ohne Illusionen, ja mit Kälte scheint Tocqueville die Vernichtung als Preis der Ausbreitung der Zivilisation hinzunehmen. Offenbar gehörte diese Vernichtungspraxis für ihn zu den großen geschichtlichen Ereignissen, die sich wie die Revolutionen jeder moralischen Bewertung entzogen. Er hat damit insofern recht behalten, als der amerikanischen Demokratie die Vorhaltungen erspart blieben, die den Spaniern wegen ihrer Grausamkeiten und Greueltaten bei der Eroberung der Neuen Welt gemacht wurden und die sie mit dem Niedergang ihres Weltreichs bezahlen mußten. Die Amerikaner dagegen wurden mit dem Aufstieg ihrer Nation belohnt. Sie lockten die Indianer mit Vorbedacht in die Falle der Legalität, um sich ihrer straflos zu entledigen. Tocqueville faßte, ohne Erschütterung zu zeigen, die Möglichkeit eines legalen und humanen Völkermords ins Auge.

Der philanthropische Ausweg

In der Zeitschrift «Le Siècle» veröffentlichte Alexis de Tocqueville 1843 sechs lange Aufsätze über die Abschaffung der Sklaverei. Im ersten Band seines 1835 erschienenen Buches über die Demokratie in Amerika hatte er in erster Linie die Lage der aus der Sklaverei entlassenen Schwarzen untersucht und düstere Prognosen für ihr künftiges Schicksal in der demokratischen Gesellschaft gestellt. Acht Jahre später blickte er auf die Bewegung der Sklavenemanzipation zurück, die von England ausgegangen war. Er pries sie als einen historisch beispiellosen Vorgang, der die Zukunft der zivilisierten Welt in einem neuen Licht erscheinen ließ. Einzigartig sei, daß es zu der Befreiung vom Joch der Sklaverei nicht durch eine Verzweiflungstat der Unterdrückten gekommen sei, sondern «durch den aufgeklärten Willen der Herren». Was das Christentum in Jahrhunderten nicht durchzusetzen vermochte, sei in fünfzig Jahren durch den Druck des Zeitgeistes, der Ideen und Leidenschaften der europäischen Gesellschaften geschehen. Tocqueville merkt an, daß nicht die Ideen der Französischen Revolution den Anstoß gegeben hätten, sondern das Selbstbewußtsein der kommerziellen Gesellschaft Großbritanniens. Dort sei eine «Moralbewegung» entstanden, die nicht nur Gedanken des Christentums zum ersten Mal konsequent verwirklichte, sondern einen Pflichtenkatalog aufstellte, der dann für die Politik verbindlich wurde. Diese Bewegung nennt Tocqueville eine «philanthropische», die sich bald vom Christentum unabhängig gemacht habe. Eine neue moralische Sensibilität war entstanden, die sich nicht mehr auf die unmittelbare Umgebung der Menschen beschränkte, sondern für das Unglück und das Elend von weit entfernt lebenden Menschen ansprechbar war.

Nach einer zwanzigjährigen Kampagne waren in Großbritannien parlamentarische Maßnahmen eingeleitet worden, die 1807 zur Verabschiedung der «Bill for the Abolition of the Slave Trade» führten. Kapitäne, die auf ihren Schiffen Sklaven beförderten, machten sich seitdem strafbar, die Handelswege wurden von der Navy kontrolliert. Diese Maßnahmen hatten viele Väter, an erster Stelle die 1787 gegründete «Society for the Abolition of Slave Trade». Der Erfolg war aber vor allem einem Mann zu verdanken, dem Abgeordneten William Wilberforce, der unermüdlich für dieses Projekt warb. Seinem Engagement war es zu verdanken, daß das Gesetz von 1807 eine große Mehrheit der Stimmen im Parlament fand. Pioniere dieser Moralkampagne waren auch die beiden Großväter von Charles Darwin, Erasmus Darwin und Josiah Wedgwood, der das erste serienmäßig hergestellte Porzellan auf den Markt brachte. Wedgwood, auch darin ein Pionier, stellte sein blau-weißes Porzellan in den Dienst der Kampagne gegen die Sklaverei, indem er ein Medaillon eines knienden schwarzen Jungen in Ketten schuf, der seine Hände erhoben hat und, so das umlaufende Band, flehend fragt: «Am I not a man and a brother?» Damit war nicht nur ein humanitäres Symbol erfunden, sondern zugleich eine neuartige Moralpropaganda.

Das politische Handeln wurde nicht direkt, durch Anträge und Petitionen, beeinflußt, sondern indirekt. Die Sklavenbefreiung, schreibt Jürgen Osterhammel, sei die erste Kampagne der modernen, moralisch sensibilisierten Öffentlichkeit gewesen, der «Appell an die moralische Empfindsamkeit» und an das «Schuldgefühl des Bürgers». Man protestierte gegen die Befleckung des eigenen Gewissens im Namen der Zivilisation. Um die Zuckerproduktion durch Sklaven zu unterbinden, rief man in England zum Zuckerboykott auf: «Die Sklaverei war in jenem Moment dem Untergang geweiht, als mit jedem Löffelgriff in die Zuckerdose das Seufzen der fernen und unsichtbaren Sklaven zu ertönen schien.» Es war der erste Konsumboykott aus moralischen Antrieben: «Der Abolitionismus als wichtigster Ausdruck einer neuen humanitaristischen Denkweise und Haltung», schreibt Osterhammel, «holte die Leidenschaften in die Politik zurück und stellte sie frontal gegen die Interessen, partikulare und nationale gleichermaßen, nicht länger allerdings die heroischen Leidenschaften einer früheren Epoche, sondern die emphatisch universalisierten einer im Zeichen der Pax Britannica denkbar gewordenen Weltbürgergesellschaft.»

Schon 1815 würdigte Hegel in einer seiner Gymnasialreden die Philanthropie. Vielleicht war es noch zu früh, um ihren Einfluß auf Regierungen und Staaten richtig einzuschätzen. Hegel glaubte, daß die philanthropischen Initiativen seit jeher den Weg in staatliche Einrichtungen gefunden hätten: «Die Geschichte wohl der meisten Staatseinrichtungen fängt damit an, daß für ein allgemeiner gefühltes Bedürfnis zuerst durch Privatpersonen und Privatunternehmen und zufällige Gaben gesorgt wurde, wie dies bei der Armenpflege, medizinischen Hilfe, ja selbst von manchen Seiten in Ansehung des Gottesdienstes und der Gerechtigkeitspflege der Fall war und hin und wieder zum Teil noch ist.» Durch die «Verwicklungen der Zivilisation» zeige sich jedoch neuerdings «das Unzusammenhängende und Ungenügende solcher vereinzelter Veranstaltungen immer mehr», so daß der Staat regulierend eingreifen müsse, um Privatwillkür und Mißbräuche zu unterbinden. Was durch Privatbemühung herangereift war, wurde schließlich zu einem allgemeinen Bedürfnis und der Regierung übergeben, um planvoll betrieben zu werden. Er verkannte, wie sehr sich die Staaten aus einer Ordnungsinstanz in eine institutionalisierte Moralpolitik verwandeln würden.

Dreißig Jahre später hat Alexis de Tocqueville das Verhältnis von Privatinitiative und Regierung bei der Sklavenbefreiung mit einem anderen Akzent versehen. In einem Zeitschriftenaufsatz schreibt er 1843: «Die Wahrheit ist, daß die Emanzipation der Sklaven das Werk der Nation und nicht der Regierenden gewesen ist.» Für die Größe des Geschehens sucht er nach immer neuen Formulierungen. Die Bewegung gegen die Sklaverei sei absolut unvergleichbar, es gebe in seiner Zeit keine größere und wichtigere Frage, das Denken der Epoche konzentriere sich in ihr. Ausschlaggebend für die Befreiung der Sklaven sei «die allgemeine Bewegung des Jahrhunderts» gewesen, und sie werde nicht aufhören, sie sei ein Resultat des Zeitgeistes: «Die Ideen, die Leidenschaften, die Gewohnheiten aller europäischen Gesellschaften drängen sei fünfzig Jahren in diese Richtung.» Das Ende sei abzusehen, die Sklaverei werde verschwinden. Würden sich die Nationen jedoch gegen diese Ideen und Traditionen, gegen Gleichheit und Freiheit, verschließen, so werde dies nicht ungestraft bleiben.

Für Tocqueville zeichnete sich eine neue Gesellschaft mit neuen Pflichten ab, die den Unglücklichen helfen, den Unterdrückten beistehen, die Schwachen unterstützen werde. Es war ein neuer staatlicher Pflichtenkatalog, der sich angekündigt hatte, als man auf die «Schreie der Sklaven» zu hören begann. Wenn Tocqueville die rationale Ordnung der Sitten, das Streben nach Aufstieg und Wohlstand beschwört, greift er auf seine amerikanischen Erfahrungen zurück. Es sind die Elemente einer neuen Zivilisation, die er greifbar nahe vor sich sieht. Durch ihre Folgen wurde die Sklavenbefreiung ein weiteres Mal zu einem epochalen Ereignis. Immer wieder sucht Tocqueville die Größenordnung dieser Vorgänge zu erfassen: Die Idee der Emanzipation der Sklaven, schreibt er, sei seiner Ansicht nach «eine der größten, die nicht nur im allgemeinen von der Menschheit Besitz ergriffen hat». Es gebe keine größere und wichtigere Frage. An einem einzigen Tag habe man achthunderttausend Sklaven befreit, ohne daß ein einziger zu Tode kam.

Die christliche Tradition, das Erbe der Französischen Revolution und die Bewegung der Philanthropie sollten in einer europäischen, ja globalen Zivilisation zusammenfließen. Tocqueville appelliert an die Traditionen Frankreichs, die den Weg dorthin gebahnt hätten. «Wir, wir selbst», sagt er in einer Rede vor der Kammer, die Franzosen sind es gewesen, die durch ihre Revolution das Fundament für diese

Bewegung gelegt haben: «Wir sind es, die das Denken geschaffen haben, das von der religiösen Philanthropie der Engländer so edel und glücklich verwirklicht worden ist» oder auch «Wir sind die wahren Autoren der Sklavenbefreiung». In diesem Augenblick überwindet Tocqueville den Pessimismus des Besiegten und reiht sich in die Tradition der Französischen Revolution ein, die seine Klasse besiegt hatte. Sein erster Aufsatz über die Sklavenbefreiung hatte mit dem Satz begonnen: «Wir sind immer ungerecht gegen unsere Zeit.» Mit seinem Engagement in der Sklavenfrage korrigierte er diesen Fehler, den er selbst in seiner Zeitdiagnose begangen hatte.

MITLEID UND GRAUSAMKEIT

Arthur Schopenhauers Moralphilosophie

Die organisierte Wohltätigkeit ist eine Erfindung des neunzehnten Jahrhunderts. Sie sollte die unzuverlässigen Leidenschaften, die durch den Anblick von Elend und Grausamkeit ausgelöst wurden, entbehrlich machen. Das Mitleid mochte der ursprüngliche Antrieb sein, aber man wollte ihm nicht folgen, ohne für wirksame Hilfe sorgen. In der Armenfürsorge wurden in den verschiedenen Ländern Europas neue Formen organisierter Hilfe von einzelnen erdacht und durchgesetzt, um das wachsende Elend der industriellen Gesellschaft zu mildern. Ein solcher Pionier war Benjamin Thompson, 1753 in Massachusetts geboren, ein Abenteurer der Wohltätigkeit. 1784 trat er als Staatsrat in bayerische Dienste und wurde 1792 vom Kurfürsten für seine Verdienste in der Armenfürsorge geadelt. Als Graf Rumford wurde er zu einer europäischen Berühmtheit. Er gründete Schulen für Soldatenkinder, Manufakturen für die Armen, sorgte für die Verbreitung des Kartoffelanbaus und erfand Sparöfen und eine Suppe aus billigsten Zutaten, die nach ihm benannt wurde, die Rumfordsche Suppe. München verdankt ihm den Englischen Garten, der zur Verbesserung der Stadtluft geschaffen wurde. Der vielseitige Philanthrop war schon zu seinen Lebzeiten eine Legende, ein weltlicher Heiliger, dem Denkmäler errichtet wurden.

Daß man durch Armenfürsorge reich werden konnte, erboste den Zeitbeobachter Kierkegaard. «Das ist modern und ist Charakterlosigkeit», schreibt er 1851 in seinem Tagebuch. Das alles sei nicht für die Armen getan, sondern man habe nur einen neuen Weg zum Reichtum entdeckt. Im Altertum und im Mittelalter hätte man Anstoß daran genommen, damals habe es «viel mehr Sinn und ethischen Respekt für die existentielle Durchsichtigkeit» gegeben. In einem Atemzug mit dem Grafen Rumford nannte Kierkegaard den Romancier Eugène Sue, dessen Romane über die Welt der Armen, vor allem *Les Mystères de Paris* (1843), sensationelle Erfolge errangen und ihrem Verfasser ein Vermögen einbrachten: «Eugène Sue tritt für die Sache der Armen ein und verdient eine halbe Million daran. Ja natürlich, sagt man, sonst wäre er ja verrückt, das zu tun.» Für Kierkegaard ist es nichts als «moderne Heuchelei mit dem Objektiven, mit der Sachlichkeit». Er hatte Eugène Sue schon im Jahr zuvor in seinem Tagebuch erwähnt: «Man stelle sich Eugène Sue vor, der sich zum Millionär geschrieben hat – durch Schilderung von Armut und Elend in der Wirklichkeit.» Das naheliegende Argument, daß diese Romane Aufmerksamkeit auf das Elend vermehrten, wird von Kierkegaard nicht erwogen. Hans Blumenberg hat ihm dies als Denkfehler angekreidet. Denn der Erfolg der *Mystères de Paris* habe «gerade durch den Nebenzweck den Hauptzweck befördert, indem das Publikum von dieser neuen Thematik ausschließlich durch die Geschicklichkeit ihrer Darbietung affiziert und in seiner Aufmerksamkeit umgelenkt wird». Es sei nicht einmal gleichgültig, wie viele Stellen die Tantiemen des Autors haben, denn das sei ein Maß für die Resonanz, die sein Thema gefunden habe.

Der Sinn der philanthropischen Tätigkeit des Grafen Rumford wie der Romane von Eugène Sue bestand darin, über ihre unmittelbare Wirkung hinaus auszustrahlen und eine indirekte Wirkung zu entfalten, die weit mehr bewegte als die direkte Hilfe. Diese Indirektheit beunruhigte Kierkegaard, denn sie vertauschte die Objekte des Handelns, so daß existentielle Durchsichtigkeit nicht mehr möglich war. Man konnte anderen Gutes tun und nur an sich selbst denken oder umgekehrt. Kierkegaard war bekannt dafür, daß er bedürftigen Personen nur geringe Beträge zu geben pflegte, damit der Impuls zu helfen nicht durch andere Motive verdeckt wurde. Auch hier schlich sich ein Denkfehler ein, indem die Durchsichtigkeit von Motiv und Tat den Vorrang vor der Tat erhielt: Die «Idee der Existentialität» schaffte, wie Blumenberg noch anmerkt, ein Interesse für diejenigen, «die sich mit der Verpflichtung quälen, durchsichtig zu sein – und nolens volens interessanter werden als ihre ‹Sache›». Kierkegaard interessiert uns mehr als der Akt der Mildtätigkeit, bei dem wir ihn beobachten.

Mißtrauisch gegen das moderne Mitleid war Kierkegaard auch deswegen, weil es als Verwirklichung des Christlichen oder als modernes praktisches Christentum erscheinen konnte. Die erstaunliche Karriere des Mitleids in einer Zeit schwindender Christlichkeit war für Kierkegaard ein Symptom des Verlustes an religiöser Bestimmung der Lebensführung. Das moderne Mitleid war eine Gefahr für das Christentum. Im Revolutionsjahr 1848 notiert er in seinem Tagebuch, das «eigentlich Christliche» werde im neunzehnten Jahrhundert herabgesetzt zum «bloß menschlichen Mitleid», man habe Christus «umgeschaffen zu bloß menschlichem Mitleid». Das Mitleid, das die Zeit interessierte, sei kein Bestandteil des Christentums. Denn Mitleid mit Christus, heißt es im Tagebuch von 1849, sei eine anstößige Vorstellung und unzulässige Vermenschlichung. Das populäre Verständnis des Christentums machte damals einen tiefgreifenden Wandel durch. Man wollte es für eine Mitleidsreligion halten, und wie in seinen Anfängen sollte das Christentum mit dem Gebot der Barmherzigkeit in großem Stil Ernst machen. Das Liebesgebot wurde nicht mehr nur im engen Kreis der Verwandten und nahen Bekannten erfüllt, vielmehr sollte die Hilfe für Arme und Elende weiter ausgreifen auf unterdrückte Klassen und Gesellschaften. Durch Organisationen Barmherzigkeit zu üben, zeichnete sich als eine neue christliche Aufgabe ab. Kierkegaard war der Ansicht, daß die organisierte Erweiterung der Nächstenliebe die Motive der Hilfsbereitschaft auf lange Sicht heillos verwirren würde. In diesem Gewirr von Absichten und Motiven, erklärte er, werde schließlich der Egoismus über die Impulse der Hilfsbereitschaft siegen und sich als deren eigentlicher Antrieb erweisen.

Unter den kurzen aphoristischen Stücken, die Kierkegaard 1843 an den Anfang von *Entweder-Oder* stellte, findet sich auch eine Notiz, die er wohl einer Zeitung entnommen hatte. Es könnte eine Parabel über die Schicksale der Sympathie in der zeitgenössischen Gesellschaft sein: «Die sozialen Bestrebungen und die diese leitende schöne Sympathie verbreiten sich immer mehr. In Leipzig hat sich ein Komitee gebildet, welches aus Sympathie mit dem traurigen Ende alter Pferde beschlossen hat, diese zu fressen.» Nicht anders, wollte Kierkegaard sagen, verhalte es sich mit der modernen Humanität. Erst organisiert man die Sympathie mit den Menschen, und schließlich fragt man sich, wohin mit ihnen. Fünf Jahre später kommentierte er die sich immer mehr ausbreitende Rede vom Menschen durch die Feststellung, «daß die neuere Zeit die Bestimmung ‹Mensch› immer mehr abschafft, um die Bestimmung ‹Roß› an die Stelle zu setzen.»

«Liebe keinen Nächsten» hätte Kierkegaards Gebot für Christen lauten können. Die Nächstenliebe wurde durch ihre Überdehnung vergiftet. Die Propaganda für die sozialen Sympathiegefühle, die damals zur Gründung einer Vielzahl von Vereinen mit menschenfreundlichen Zielen führte, hatte dem Christen Kierkegaard das Mitleid gründlich vergällt. Das Christentum, das «als Geist die reine Durchsichtigkeit» war, drohte durch die Vieldeutigkeit der guten Absichten verdunkelt zu werden. Am Ende würde der Egoismus siegen. Das Bibelwort «Liebe deinen Nächsten wie dich selbst» war für den Christen Kierkegaard auch noch aus einem anderen Grund zu einem Stein des Anstoßes geworden. Die Vorstellung, daß an das Ich ein anderes Ich grenze, verstörte ihn: «Man hat überhaupt keinen Nächsten; denn ‹das Ich› ist zugleich es selbst und sein Nächster, wie man es ja auch ausdrückt. Man ist sich selbst am nächsten (d.h. man ist sein eigener Nächster).» Zwischen dem Ich und dem Nächsten stehe ein Ich, das sich verdoppelt. Der eigentliche Nächste sei die Verdoppelung des Ich, und diese Verdoppelung sei ebenso elementar wie der Egoismus. Aus der Spiegelwelt Kierkegaards führt kein Weg zum anderen. Deswegen war sein Experiment leidenschaftlicher Christlichkeit eine Flucht aus der Uneigentlichkeit des Geredes und den Halbwahrheiten der Gesellschaft. Sie hatte, so meinte Kierkegaard, mit dem zur Mitleidsreligion umgeschaffenen Christentum einen verächtlichen Kompromiß geschlossen. Die Menschheit hatte die Lösung ihrer Probleme in ihre eigenen Hände genommen und brauchte das Christentum nicht mehr.

Mitleid und Grausamkeit

Angesichts der Propagierung des Mitleids als einer sozialen Tugend traf Schopenhauers Behauptung, als erster die Ethik allein auf das Mitleid gegründet zu haben, weniger für seine Zeit als für die Geschichte der Philosophie zu. In ihr hatte das Mitleid ein Aschenputteldasein geführt und in die Ethik kaum je Eingang gefunden. Berühmt ist der Verweis, den Kant in der *Kritik der praktischen Vernunft* dem Mitleid erteilte: «Selbst dies Gefühl des Mitleids und der weichherzigen Teilnehmung, wenn es vor der Überlegung, was Pflicht sei, vorhergeht und Bestimmungsgrund wird, ist wohldenkenden Personen selbst lästig, bringt ihre überlegten Maximen in Verwirrung und bewirkt den Wunsch, ihrer entledigt und allein der gesetzgebenden Vernunft unterworfen zu sein.» Nach Kants Ansicht wurde die Integrität des moralischen Handelns durch Mitleid und Sympathie so sehr gestört und verwirrt, daß es sich gegen mitleidige Gefühle verschloß und eher wie Mitleidlosigkeit erscheinen wollte, als sich diesen Impulsen zu überlassen.

Schopenhauer war über Kants Kult des Rigorismus der Moral entsetzt und hat trotz seiner Verehrung des Philosophen nie verhehlt, daß er darin einen verhängnisvollen Irrtum sah, durch den die philosophische Ethik letztlich um ihren Erfolg gebracht wurde. Die in der akademischen Philosophie vorherrschende Pflichtenethik Kants erschien Schopenhauer als eine «Apotheose der Lieblosigkeit». Während er in der theoretischen Philosophie überall auf Kant aufbaute, glaubte er in der Ethik ohne Vorläufer zu sein. Die einzige Ausnahme war Rousseau, der einzige Vorläufer seiner Ethik. Auf ihn berief er sich als auf den «größten Moralisten der ganzen neueren Zeit, den tiefen Kenner des menschlichen Herzens, der seine Weisheit nicht aus Büchern, sondern aus dem Leben schöpfte, und seine Lehre nicht für das Katheder, sondern für die Menschheit bestimmte, er, der Feind der Vorurteile, der Zögling der Natur, welchem allein sie die Gabe verliehen hatte, moralisieren zu können, ohne langweilig zu sein, weil er die Wahrheit traf und das Herz rührte.»

Obwohl Schopenhauer glaubte, mit seiner Mitleidsmoral allein zu stehen, spielte das Mitleid im Moralbewußtsein der Zeit eine Schlüsselrolle. In dem zur Mitleidsreligion umgeschaffenen Christentum war das Mitleid, wie bei Schopenhauer, das Maß für den Wert der moralischen Gefühle. Seine Fehde mit der akademischen Moralphilosophie verschleierte ihm die Tatsache, daß er mit seiner Mitleidsethik im Strom der Zeit schwamm. Originell dagegen war seine Begründung für die Rolle des Mitleids in seiner Ethik. Er sah im Mitleid die einzig wirksame Gegenkraft gegen die Grausamkeit, die böswillige Verletzung des «wahren reinen Inhalts der Moral». Diesen Inhalt der Moral formulierte er in seinem einzigem Imperativ: «Verletze niemanden, sondern hilf allen, so viel du kannst.» Als rücksichtslose Verleugnung dieses Grundsatzes war die Grausamkeit mit ihrer Maxime «Schade allen, so viel du kannst» der Inbegriff des Bösen und eine Verkehrung des wahren Inhalts der Moral. Die Moral, die Schopenhauer vorschwebte, war letztlich nichts anderes als eine Antwort auf Bosheit und Grausamkeit, die sich «die Leiden und Schmerzen anderer zum Zweck an sich» machten, dessen Erreichen für sie ein Genuß war.

Grausamkeit und Mitleid waren das Thema der Abhandlung *Über die Grundlagen der Moral*, die Schopenhauer 1840 bei der Königlichen Dänischen Sozietät der Wissenschaften in Kopenhagen als Preisschrift einreichte, die aber nicht den erhofften Erfolg hatte. Enttäuscht und erbost, veröffentlichte er sie mit der Bemerkung «Nicht gekrönt» auf dem Titelblatt. Seine Polemik gegen die Moralphilosophie der Universitätsprofessoren und gegen die kantische Ethik hatte ihn den Erfolg gekostet, mit dem er fest gerechnet hatte. Im Gutachten der Königlich Dänischen Akademie hieß es ungewöhnlich scharf, man bemerke bald, daß man sich «in schlechter Gesellschaft» befinde. Schopenhauers Zorn über die Ablehnung war so groß, daß er sich nicht scheute, das Urteil der Königlich Dänischen Akademie der Wissenschaften abzudrucken: «Auch kann nicht verschwiegen werden, daß mehrere hervorragende Philosophen der Neuzeit so unziemlich erwähnt werden, daß dies gerechten und schweren Anstoß erregt.»

In ihrem akademischen Verständnis war die Moralphilosophie eine staatsnahe Pflichtenlehre, die sich in Imperativen und Sollenssätzen formulierte. Schopenhauer dagegen wollte die Grausamkeit bekämpfen und gedanklich durchdringen. Als leidenschaftlicher Zeitungsleser sammelte er alles, was Tag für Tag über grausame Taten berichtet wurde. Vor allem in englischen Blättern fand er eine unerschöpfliche Quelle spektakulärer Grausamkeiten, beispielsweise eine Notiz über eine Mutter, «die ihren fünfjährigen Knaben dadurch gemordet hat, daß sie ihm siedendes Öl in den Schlund goß, und ihr jüngeres Kind dadurch, daß sie es lebendig begrub – oder die Nachricht, welche eben aus Algier gemeldet wird, daß nach einem zufälligen Streit und Kampf zwischen einem Spanier und einem Algerier dieser als der stärkere jenem die ganze untere Kinnlade rein ausriß und die Trophäe davontrug, jenen lebend zurücklassend.» Schopenhauer war ein genauer Beobachter solcher Grausamkeiten, jede Variante zog seine Aufmerksamkeit auf sich, denn er wollte den Ansatzpunkt finden, von dem aus die Grausamkeit bekämpft werden konnte. Eine verwirrende Physiognomie des Bösen trat hervor, das sich der Bekämpfung und Eindämmung mit Hilfe des Strafrechts, vor allem aber der moralischen Einflußnahme entzog. Menschliche Antriebe waren dabei wirksam, die von der Philosophie, zumal der akademischen, nicht begriffen wurden.

Die vielen Fragen, zu denen die grausamen Handlungen nötigten, führte Schopenhauer auf eine einzige zurück, die das Fundament seiner Moral freilegte: «Wie ist es möglich, so ganz ohne Mitleid zu sein?» Er versenkte sich in die Bilder der Grausamkeit, die die zivilisierte Gegenwart ihm zutrug, und suchte, wie in einem Rebus, nach einer Lösung des Rätsels. Angesichts der abstoßenden Erscheinungen fragte er sich, was fehlte. Es konnte angesichts der kompakten Realität aller Arten von Grausamkeit nur etwas in all diesen Bildern Abwesendes sein, das eine Gegenkraft wäre. Schopenhauer durchsuchte also die Szenen und Bilder der Grausamkeit nach einer Lücke, in der sich ein Gegenmittel zeigen könnte. Schließlich fiel ihm die völlige Abwesenheit des Mitleids auf. Erst dies, meinte er, drücke «einer Tat den Stempel der tiefsten moralischen Verworfenheit und Abscheulichkeit» auf. Diese Feststellung wäre der akademischen Moralphilosophie gewiß als zu anspruchslos vorgekommen. Aber Schopenhauer suchte keine anspruchsvollen Erklärungen, sondern ein wirksames Gegenmittel gegen die Grausamkeit. Seine Ethik sollte in einem neuen Sinne praktisch sein, indem sie nicht Vorschriften erließ, sondern in der Wirklichkeit eine vernachlässigte ethische Kraft mobilisierte.

Die moralphilosophischen Grundsätze, von denen die Philosophiegeschichte voll war, interessierten Schopenhauer allenfalls für einen kurzen Augenblick, um sich Gewißheit zu verschaffen, wo in der philosophischen Tradition er sich mit seinen Beobachtungen wiederfand. Und er konnte sich davon überzeugen, daß die philosophischen Ethiken an den grausamen Tatsachen, denen sein ausschließliches Interesse galt, vorübergegangen waren. So blieb er mit der Erkenntnis allein, daß nur das Mitleid in jene tieferen Schichten des Verhaltens hineinreichte, wo die Grausamkeit als Exzeß des Egoismus entsprang. Um die Kraft des Mitleids mit den anderen moralischen Kräften zu vergleichen und als Gegenkraft zur Grausamkeit zu erproben, erfindet Schopenhauer eine Parabel: «Man setze zwei junge Leute, Gaius und Titus, beide leidenschaftlich verliebt, doch jeder in ein anderes Mädchen; und jedem stehe ein wegen äußerer Umstände bevorzugter Nebenbuhler durchaus im Wege. Beide seien entschlossen, jeder den seinigen aus der Welt zu schaffen, und beide seien vor aller Entdeckung, sogar vor jedem Verdacht vollkommen gesichert.» Diese Bedingungen erinnern an Balzacs Parabel vom chinesischen Mandarin, den man durch die bloße Kraft seines Willens töten durfte, um in den Besitz seines Vermögens zu gelangen, ohne daß dies bekannt würde oder Strafe nach sich zog. Balzac wollte wissen, ob seine Leser dieser Versuchung widerstehen könnten. Die jungen Leute Schopenhauers, Gaius und Titus, schrecken, als der Augenblick gekommen ist, davor zurück, die Tat auszuführen, sie nehmen beide, jeder nach einem Kampf mit sich selbst, Abstand von ihr. Dieser Entschluß bedurfte der Erklärung und moralphilosophischer Durchleuchtung. Warum genügten die Unbemerktheit der Tat und die Straflosigkeit für die Täter nicht, um sich zur grausamen Tat zu entschließen?

Schopenhauer befragte nun die moralphilosophische Tradition, welche Gründe sie anzubieten hatte, um die Entscheidung der beiden jungen Männer zu rechtfertigen. Er rief die Philosophen wie Zeugen in einem Gerichtsverfahren auf, um schließlich festzustellen, daß in dieser Situation keiner von ihnen Bestimmungsgründe für das Handeln angeben konnte. Es genügte weder die Berufung auf den Willen Gottes noch auf Kants Verallgemeinerung der Maxime, auf Fichtes «Realisation des Sittengesetzes», auf den moralischen Sinn von Hutcheson, auf den unbeteiligten Zuschauer von Adam Smith oder schließlich auf Spinozas «Nichts ist dem Menschen nützlicher als der Mensch, daher habe ich den Menschen nicht töten können». Keines dieser angesehenen Moralprinzipien war in der Lage, den Verzicht auf die Tötungsabsicht glaubwürdig zu machen. Nur das Mitleid konnte es: «Aber nun ergriff mich Mitleid und Erbarmen, es jammerte mich seiner, ich konnte es nicht übers Herz bringen: ich habe es nicht tun können.» Dies war die einzige Erklärung, die Schopenhauer in dem von ihm konstruierten Fall gelten lassen wollte. Nur der Wille zur Grausamkeit hätte den Impuls des Mitleids ausschalten können. Jedes Verbrechen, meinte Schopenhauer, könne verziehen werden, nur die Grausamkeit nicht. Um das Extreme der menschlichen Neigung zur Grausamkeit zu verdeutlichen, scheute er keine noch so übertriebene Formulierung. Er ging so weit, daß man ihn verdächtigen könnte, von der Grausamkeit fasziniert gewesen zu sein, eine Affinität zu ihr zu haben. Seine Fixierung auf die Grausamkeit erklärt sich daraus, daß sie für ihn die äußerste Zuspitzung des Egoismus und insofern im menschlichen Gefühlsleben ebenso tief verankert war wie dieser. Wer den Hang zur Grausamkeit in sich überwinden wollte, mußte der Grenzenlosigkeit des Egoismus Herr werden. Die Grausamkeit war die eigentliche Gegenkraft zur Moral, sie war das Böse in seiner reinen Verwirklichung.

Schopenhauer suchte deswegen nach einem treffenden Bild und einem präzisen Ausdruck für die Grausamkeit, zu der die Menschen fähig waren. Schließlich wählte er ein Bild, in dem Egoismus und Menschenschinderei eine unauflösliche Verbindung eingingen: «Indem ich, um ohne Weitläufigkeit die Stärke dieser antimoralischen Potenz auszudrücken, darauf bedacht war, die Größe des Egoismus mit einem Zuge zu bezeichnen und deshalb nach irgendeiner recht emphatischen Hyperbel suchte, bin ich zuletzt auf diese geraten: mancher Mensch wäre imstande, einen anderen totzuschlagen, bloß um mit diesem Fette sich die Stiefel zu schmieren.» Schopenhauer fügte hinzu, daß ihm bei seiner Formulierung Zweifel blieben, «ob es auch wirklich eine Hyperbel sei», ein Zweifel, der sich seit den Vernichtungslagern als berechtigt erwiesen hat.

Durch ihre vermeintlichen Übertreibungen wurde Schopenhauers Ethik für seine Zeitgenossen unglaubwürdig. Doch ihre völlige Illusionslosigkeit angesichts dessen, was Menschen möglich ist, hebt sie über alle Lehren der akademischen Moralphilosophie des neunzehnten Jahrhunderts hinaus. Schopenhauers Obsession mit der Grausamkeit, die er in abstoßenden Beispielen beschwor, bewahrte ihn davor, sich mit den üblichen moralischen Rezepten abzufinden, die sich jeden Tag als unwirksam erwiesen. Auch die Philosophie des zwanzigsten Jahrhunderts hat ihn als Vorläufer einer radikalen Neubegründung der Moral nicht gewürdigt. Sein Beitrag zur Theorie des Mitleids fand wenig Anerkennung, obwohl er als erster das Mitleid ins Zentrum einer Ethik rückte, die sich die Aufgabe stellte, die menschliche Neigung zur Grausamkeit zu bekämpfen. Seitdem hat sich die Moralphilosophie diese Aufgabe nicht mehr gestellt, sie hat sie der Psychologie überlassen.

Nachrichten von grausamen Taten

Während Schopenhauers Mitleidsethik in der Philosophie seiner Zeit völlig isoliert war, hatte sie doch eine auffallende Ähnlichkeit mit dem, was Literatur und Kunst seiner Zeit beschäftigte. Wie der Betrachter sich in Bilder oder Erzählungen über Sklaverei, Elend oder Tierquälerei vertiefte, um sich seiner zivilisierten Humanität zu vergewissern, wenn er Regungen des Mitleids spürte, so war auch Schopenhauers Ethik eine Meditation über die Unmenschlichkeit und die ruhelose Suche nach einer Gegenkraft. Schopenhauer wollte dieses moralische Gefühl nicht nur theoretisch ins Licht rücken, sondern den Leser aus dem Sog der Grausamkeit befreien. Die krassen Beispiele grausamer Taten, die Schopenhauer gegen alle Regeln des philosophischen guten Tons in seine Abhandlung einstreute, sollten zur Besinnung auf die Quellen wahrer Humanität dienen.

Die grausamen Szenen sollten ein zivilisiertes Verhalten fördern. Ähnlich wie bei den Elendsbildern sollte die Moralphilosophie aus einer distanzierten Betrachtung des Bösen gestärkt hervorgehen. Diese Betrachtungsweise hatte Schopenhauers Philosophie schon in ihren Anfängen gefordert, als er einen Standpunkt suchte, der eine unbetroffene Wahrnehmung auch des eigenen Leidens ermöglichen sollte. Schon in seinem ersten philosophischen Aphorismus von 1808/1809 entwarf er eine radikale Form der Kontemplation, an der er festhalten wird: «Alle Philosophie und aller Trost, den sie gewährt, läuft darauf hinaus, daß eine Geisterwelt ist und daß wir in derselben, von allen Erscheinungen der Außenwelt getrennt, ihnen von einem erhabenen Sitz mit größter Ruhe ohne Teilnahme zusehen können, wenn unser der Körperwelt gehörender Teil auch noch so sehr darin herumgerissen wird.» Der Topos des Schiffbruchs mit Zuschauer wird als ein Bild der Kontemplation und der Unbetroffenheit des Zuschauers aufgenommen, aber so verändert, daß es gerade die Unbetroffenheit durch das eigene Leiden ist, das die Philosophie gewährt. Die angestrebte philosophische Ruhe und Teilnahmslosigkeit wird erst im Durchgang durch die Qualen der Existenz gewonnen. Diese Auffassung der Kontemplation, die Schopenhauer nie revidierte, ist die Voraussetzung, um jene Grausamkeit ohne Illusionen und ohne Gefahr der Verstrickung in sie wahrzunehmen.

Eine ausführlichere Version des Standpunkts seiner Philosophie findet sich 1810/11 in seinem handschriftlichen Nachlaß. «Die Philosophie ist eine hohe Alpenstraße, zu ihr führt nur ein steiler Pfad über spitze Steine und stechende Dornen: er ist einsam und wird immer öder, je höher man kommt, und wer ihn geht, darf kein Grausen kennen, sondern muß alles hinter sich lassen und sich getrost im kalten Schnee seinen Weg selbst bahnen.» Die Kälte der philosophischen Betrachtung, die auf diesem Höhenweg gewonnen wird, scheint eine denkbar ungeeignete Voraussetzung dafür zu sein, sich mitleidig dem menschlichen Leiden zuzuwenden, die Sympathie erscheint nur als störende Versuchung. Er sieht sich plötzlich an einem Abgrund stehen und ins Tal hinunterblickend ergreift ihn ein Schwindel – «aber er muß sich halten und sollte er mit dem eigenen Blut die Sohlen an den Felsen kleben». Die kontemplative Einstellung schreckt nicht vor Schmerz und Grausamkeit gegen sich selbst zurück. Am Ende soll es in einem Akt beherzter Schmerzüberwindung gelingen, Sandwüsten und Moräste der Erde unter sich zu lassen.

Wie beim Schiffbruch mit Zuschauer bleibt der Betrachter unangefochten von dem Elend, das er aus sicherem Abstand betrachtet. Einen solchen Betrachterstandort konnte Schopenhauer einnehmen, denn als Junggeselle und durch sein väterliches Vermögen war er allen beruflichen und gesellschaftlichen Verpflichtungen enthoben. Seine Unabhängigkeit erlaubte ihm eine unbeteiligte Betrachtung der

Welt, er brauchte das Unglück nicht an sich herankommen zu lassen, sondern konnte es aus sicherer Entfernung durch den Filter der Zeitungen auf sich wirken lassen. Schopenhauer war der kontemplative Weltbetrachter – ein müßiger Zuschauer, der keine anderen Verpflichtungen zu übernehmen brauchte als die, die seine Weltbetrachtung ihm auferlegte. Unabhängig von Religion und Moral entwarf er ein humanes Ethos, das eine unbestimmte Verpflichtung gegenüber Leid und Unglück in der Ferne forderte. Die Schwäche dieser Moral lag deswegen nicht in der Evidenz und Überzeugungskraft ihrer Einsichten, sondern in den Antrieben, ihnen zu folgen. Umso wichtiger waren die suggestiven Bilder und Schilderungen, die zu einem zivilisierten Ethos überreden sollten.

Es ist kein Zufall, daß Schopenhauer in seiner Abhandlung über die Grundlagen der Moral nicht müde wird, die abstoßendsten menschlichen Grausamkeiten zu schildern und sich in diese Erscheinungen zu versenken. Dazu gehörte in erster Reihe die Tierquälerei, die die Phantasie der Zeit intensiv beschäftigte wie weniges sonst. In den Zeitungen, aus denen Schopenhauer sein Bild von der moralischen Beschaffenheit der Welt gewann, hatte sie einen festen Platz. Das menschliche Verhalten zu den Tieren war für ihn der genaueste Indikator der wahren Verfassung der Moral, und er pflegte Weltanschauungen und Religionen danach zu beurteilen, wie sie sich zu den Tieren verhielten. Für ihn war es der gewichtigste Einwand gegen Christentum und Judentum, daß sie dem außermenschlichen Leben, im Gegensatz zu den Religionen Asiens, die Schopenhauer in dieser Hinsicht als vorbildlich rühmte, so wenig Achtung entgegenbrachten. In wütenden Ausfällen gegen Christentum und Judentum verteidigte er die Identität von

Tier und Mensch: «Man muß wahrlich an allen Sinnen blind oder vom ‹foetor Iudaicus› (Knoblauchgeruch) total chloroformiert sein, um nicht zu erkennen, daß das Wesentliche und Hauptsächliche im Tiere und im Menschen dasselbe ist.» Mangelnde Tierliebe und Grausamkeit gegen Tiere diskreditierten auch die Moralphilosophien, die sich an das Christentum angeschlossen hatten. Und umgekehrt war Tierliebe für ihn ein untrügliches Zeichen für Humanität. Die Lehre, daß es gegen Tiere keine Pflichten gebe, hielt Schopenhauer für «eine empörende Roheit und Barbarei des Okzidents».

Schopenhauer sprach vom «grenzenlosen Mitleid mit allen lebenden Wesen», er hielt es für eine selbstverständliche Forderung, das Mitleid über den engen Bereich der direkten Wahrnehmung fremden Leidens hinaus auszudehnen. Es sollte keine Grenzen kennen und die Gesamtheit der lebenden Wesen umfassen. Wenn das Mitleid neben dem Trieb der Selbsterhaltung der älteste natürliche Impuls des Menschen war, dann war es auch früher als die Unterscheidung von Mensch und Tier, so daß es von Anfang an andere Lebewesen mit umfaßte. Die Einengung des Mitleids auf das zwischenmenschliche Verhalten konnte deswegen als der eigentliche Sündenfall der Menschheitsgeschichte erscheinen und war es für Schopenhauer auch. Für die Erweiterbarkeit des Mitleids berief er sich auf Rousseaus Zweiten Discours, wo es als «angeborene Abneigung, seinesgleichen leiden zu sehen», definiert wird und Tiere und Menschen gleichermaßen umfaßt. Rousseau hatte die instinktnahe Äußerung des Mitleids freilich auf die Idealsituation des anfänglichen Naturzustandes beschränkt. Das Mitleid äußerte sich nach seiner Auffassung, ohne daß das Denken hinzutrat, und wurde durch die später hinzutretende Reflexion in seiner Äußerung gestört und gehemmt. Schopenhauer vernachlässigte diese Unterscheidungen und kümmerte sich nicht um Rousseaus reflexionsfeindliche Ausfälle.

Ausführlich und in langen französischen Zitaten referiert Schopenhauer Rousseaus Gedanken über das Mitleid im *Émile*, wo eine eigene Pädagogik der Identifikation mit dem anderen gelehrt wird, die sich weitgehend mit Schopenhauers Auffassung vom Mitleid deckte: «In der Tat, wie ist es möglich, daß wir uns zum Mitleid bewegen lassen, wenn nicht dadurch, daß wir uns außerhalb unserer selbst versetzen und uns mit dem Wesen, das leidet, identifizieren, wenn nicht dadurch, daß wir sozusagen unser Selbst aufgeben, um das seinige anzunehmen? Wir leiden dabei nur in dem Maße, wie wir glauben, daß es leidet; nicht in uns leiden wir, sondern in ihm.» Das Mitleid ist eine Übung der Erweiterung des Herzens, die für Rousseau freilich nur dann möglich wurde, wenn die Reflexion, die zuletzt immer auf das eigene Interesse ging, nicht störend eingriff. In der nicht deformierten Beziehung zum Lebendigen sah Schopenhauer das eigentliche Fundament der Moral, den «festesten und sichersten Bürgen für das sittliche Wohlverhalten». Er scheute sich deswegen auch nicht, in seine Abhandlung über die Moral sentimentale Bilder aufzunehmen, wie das von dem treuen Hund, der neben dem Grab seines Herrn seinen eigenen Tod erwartet. Dieses Bild hat auch Schopenhauers Zeitgenossen wie weniges sonst gerührt, da hier die Liebe des Tieres zum Menschen für die Menschlichkeit bürgt. Mitleid mit Tieren, versichert Schopenhauer, hänge so genau mit der Güte des Charakters zusammen, daß man zuversichtlich behaupten könne, daß «wer gegen Tiere grausam ist, kein guter Mensch sein könne». Und umgekehrt wollte er in der Rührung durch ein Tier einen Beweis der Humanität sehen.

Ein Engländer, erzählt Schopenhauer, der in Indien auf der Jagd einen Affen erschossen hatte, habe den Blick des sterbenden Tieres nie vergessen können und seitdem nie wieder einen Affen geschossen. Er berichtet auch von einem Elefantenjungen, das den Jägern, die seine Mutter erschossen hatten, mit den lebhaftesten und deutlichsten Bezeugungen seines trostlosen Jammers entgegengekommen sei und sie mit seinem kleinen Rüssel umschlungen habe, um ihre Hilfe anzurufen. Dadurch habe der kleine Elefant die Reue des Jägers geweckt, der sich fühlte, als hätte er einen Mord begangen. An diese Geschichte, die er einem 1838 erschienenen Reisebericht entnahm, schloß sich ein Lob der Engländer und der von ihnen angestoßenen Tierschutzbewegung an: «Diese feinfühlende englische Nation sehn wir vor allen anderen durch ein hervorstechendes Mitleid mit Tieren ausgezeichnet, welches sich bei jeder Gelegenheit kundgibt und die Macht gehabt hat, dieselbe, dem sie übrigens degradierenden ‹kalten Aberglauben› zum Trotz, dahin zu bewegen, daß sie die in der Moral von der Religion gelassene Lücke durch die Gesetzgebung ausfüllte.» Diese Lücke beginne man neuerdings in Amerika und England durch Tierschutzvereine zu schließen, in England sei unlängst eine freiwillige Gesellschaft zum Schutz der Tiere, die «Society for the prevention of cruelty to animals» gegründet worden, und in Amerika würden die Mitglieder der «Animal friends society» als «Denunzianten der Quäler sprachloser, empfindender Wesen» tätig. In einer langen Anmerkung zitiert Schopenhauer schließlich aus dem «Birmingham Journal» vom Dezember 1839 und aus der «Times» vom 6. April 1855 spektakuläre Beispiele eines entschlossenen Vorgehens gegen Tierquälerei. Diese Zeitungsnachrichten widmet er den in Deutschland noch in ihren Anfängen stehenden Vereinen gegen Tierquälerei. All dies bezeuge, «daß die in Rede stehende Saite nachgerade auch in der okzidentalischen Welt anzuklingen beginnt». In Asien dagegen, meint Schopenhauer, gewährten die Religionen den Tieren genügenden Schutz, so daß Vereine zu ihrem Schutz unnötig waren.

Nicht weniger aufmerksam verfolgte Schopenhauer die Fortschritte der Aufhebung der Sklaverei. Auch hier waren die Engländer vorangegangen. Aus der Zeit der Abfassung seiner Abhandlung über die Moral hebt er hervor, daß «nach langer Überlegung und schwerer Debatte, die hochherzige Britische Nation 20 Millionen Pfund Sterling hingibt, um den Negersklaven in ihren Kolonien die Freiheit zu erkaufen; unter dem Beifallsjubel der ganzen Welt». In der Gründung des afrikanischen Staates Liberia sah er einen Versuch der Wiedergutmachung. Dabei verkannte er aber nicht, daß solche Initiativen nur begrenzte Wirkung haben konnten, solange der Sklavenhandel weiter florierte, wie er in einer Anmerkung belegt: «Noch jetzt wird nach Buxton: ‹The African slave trade›, 1839, ihre Zahl jährlich durch ungefähr 150 000 frische Afrikaner vermehrt, bei deren Einfangung und Reise über 200 000 andere jämmerlich umkommen.» Trotzdem waren die Initiativen zur Befreiung der Sklaven für Schopenhauer moralische Zeichen, deren Bedeutung auch darin lag, daß sie von der christlichen Religion und Moral unabhängig waren und auf jenes Fundament der Moral zurückgriffen, das sich im Mitleid offenbarte.

Wunder des Alltags

Die Initiativen einer von Religion und Philosophie unabhängigen Moral waren für Schopenhauer Wunder des Alltags. Als solche wurden sie auch von den Zeitungen aufgefaßt, als Ankündigungen einer künftigen Menschheitsmoral. In dem Maße, wie sie diese Nachrichten verbreiteten, konnten sie nur an Ausstrahlung gewinnen und so allmählich die wahre Quelle der Moral freilegen. In dem Verhalten, das sich in Taten des Mitleids äußerte, zeigte sich, gegen alle Erfahrungen der Geschichte der Menschheit und gegen alle Wahrscheinlichkeit, für Schopenhauer etwas, was letztlich nur metaphysisch begriffen werden konnte, und auch dies nur ahnungsweise: «Wie ist es nun aber möglich, daß ein Leiden, welches nicht meines ist, nicht mich trifft, doch eben so unmittelbar wie sonst nur mein eigenes Motiv für mich werden, mich zum Handeln bewegen soll? Nur dadurch, daß ich es, obgleich mir nur als ein Äußeres, bloß vermittelst der äußern Anschauung oder Kunde gegeben, dennoch *mitempfinde*, es als *meines fühle* und doch nicht *in mir*, sondern *in einem andern* … Dies aber setzt voraus, daß ich mich mit dem anderen gewissermaßen identifiziert habe und folglich die Schranke zwischen Ich und Nicht-Ich für den Augenblick aufgehoben sei; nur dann wird die Angelegenheit des andern, sein Bedürfnis, seine Not, sein Leiden zum meinigen; dann erblicke ich ihn nicht mehr, wie ihn doch die empirische Anschauung gibt, als ein mir Fremdes, mir Gleichgültiges, von mir gänzlich Verschiedenes; sondern in ihm leide ich mit, trotzdem daß seine Haut meine Nerven nicht einschließt. Nur dadurch kann sein Wehe, *seine* Not Motiv *für mich* werden; außer dem kann es nur meine eigene.» Dieser Vorgang war mysteriös, da die Vernunft von ihm nicht unmittelbar Rechenschaft geben konnte und seine Gründe durch Erfahrung nicht zu ermitteln waren. Und doch war er alltäglich. So alltäglich diese Verwechslung mit dem andern auch sein mochte, sie war doch etwas Außeralltägliches, weil die Möglichkeit, die Schranke zwischen dem Ich und dem Anderen niederzulegen, immer ein Wunder bleibt.

Umso wichtiger wurde für Schopenhauer das Faktum des Mitleids als Beweis für die Transzendenz des empirischen Individuums. Auch wenn das Mitleid keinen Anstoß zu tätiger Hilfe gab, wurde es für ihn zum Schlüssel für die Erkenntnis der Situation des Menschen in der Welt. Es stiftete ein Urerlebnis, das Einblick in das Ganze gab, das einst die Metaphysik erfassen zu können glaubte: «Sobald dieses Mitleid rege wird, liegt mir das Wohl und Wehe des Andern unmittelbar am Herzen, ganz in derselben Art. Wenn auch nicht stets in demselben Grade, wie sonst allein das meinige: also ist jetzt der Unterschied zwischen ihm und mir kein absoluter mehr. Allerdings ist dieser Vorgang erstaunenswürdig, ja, mysteriös. Er ist, in Wahrheit, das große Mysterium der Ethik, ihr Urphänomen und der Grenzstein, über welchen hinaus nur noch die metaphysische Spekulation einen Schritt wagen kann.» Das Mitleid ist also eine Erfahrung von metaphysischer Qualität, ein Relikt von Metaphysik und Transzendenz im nachmetaphysischen Zeitalter. Die Frage, ob durchs Mitleid auch tatsächlich geholfen wird, interessiert Schopenhauer wenig. Denn sobald das Mitleid in regelmäßiges Verhalten eingefügt ist und in Sozialregulierungen geleitet wird, verliert es seine metaphysische Qualität. Schopenhauer vergaß dabei jedoch seine Reserviertheit gegenüber dem praktischen Mitleid und gegen dessen Routinierung, wenn es um die philanthropischen Einrichtungen organisierter Hilfe ging. Während ihn bei den traditionellen Einrichtungen der Nächstenliebe störte, daß das Mysterium durch Routine verschüttet wurde, hatte er diese Befürchtung bei den zeitgenössischen Initiativen organisierter Hilfe nicht: In ihnen zeigte sich das Mitleid als Wunder der Zivilisation.

Die Beispiele von Handlungen des Mitleids, die Schopenhauer in seiner Abhandlung von 1840 in den Vordergrund rückte, waren ihm noch nicht zur Hand, als er den Grundgedanken seiner Moralphilosophie erfaßte. Seine Mitleidsethik hat er unabhängig davon formuliert. Zum ersten Mal erscheint sie in den Manuskripten von 1817. Der Erkenntnischarakter des Mitleids steht hier ganz im Vordergrund. Entscheidend ist, daß es zur wahren Auffassung des Lebens beiträgt: «Wen der Anblick fremder Leiden schmerzt, so gut als seine eigenen, wer dadurch bewegt wird, jene Leiden zu heben mit Aufopferung der Mittel, durch die er seinen eigenen Willen befriedigen, seine eigene Existenz erhalten kann: der ist selig, ist tugendhaft. Die erkannte Idee des Lebens möchte er ändern, so sehr, daß er deshalb seinen eigenen Willen verleugnet und verneint.» Wenn der Mensch sich vom principium individuationis frei macht, erkennt er, daß der Wille zum Leben nicht nur in ihm ist, sondern daß «alle Leiden der Welt, in Vergangenheit und Zukunft die seinen sind, und er doch nichts ist als eben dieser Wille». Die Erweiterung des Mitleids über den auslösenden Anlaß hinaus, die unerläßlich ist, um es zur

Grundlage einer zivilisierten Moral zu machen, ist hier schon angelegt.

Die Erfahrung des Mitleids ist ein Akt der Bekehrung, eine Umkehr, eine «Wendung des Willens», ja sogar eine «Veränderung im Dinge an sich». Als eine solche Bekehrung muß das Mitleid erscheinen, da es unwahrscheinlich ist, daß solches geschieht. «Kannst du es fassen und verstehen, wie ein Mensch, der durch und durch nur Wille zum Leben ist, sein Leben opfert, um andre zu retten?» Um das Mitleid zur tätigen Äußerung zu bringen, muß eine radikale Änderung der Einstellung zum Leben vorausgegangen sein. Für Schopenhauer ist das Mitleid Ausdruck eines spontanen Umdenkens, einer säkularen Glaubenskrise, und deshalb stellt er es mit berühmten Bekehrungserlebnissen in eine Reihe, mit Benvenuto Cellinis Umwandlung im Gefängnis, mit Spinoza oder Raimundus Lullus – «hast du das gefaßt, so weißt du, wie ein Anderswerden im Ding an sich zu denken ist». Mitleid ist für Schopenhauer Erkenntnis. Es lehrt, den Wert der eigenen Existenz geringer zu schätzen, und erlaubt es so, einen Teil der Energien für die Selbsterhaltung auf die Minderung des Leidens anderer umzulenken. Im Mitgefühl wirft das Individuum gleichsam den Ballast ab, der es ans Leben heftet. So wird der Mensch nicht erst durch eigene Schmerzen über den Wert des Lebens belehrt und zu einer generellen Verneinung des Lebens geführt. Die Einfühlung in das Leiden anderer verkürzt den Weg zu dieser Erkenntnis, die in der Verneinung des Lebens gipfelt. Nur die Betrachtung des Leidens anderer führt auf diesen Weg. Fremdes Leiden verhilft zu der Einsicht, daß das Leben nicht jene rückhaltlose Bejahung verdient, die man ihm gewöhnlich entgegenbringt.

Auch wenn diese Einsicht das Individuum bereit machen kann, von seinen eigenen Existenzmitteln freiwillig etwas abzutreten oder sein Leben zu opfern, ist dies nicht ihr Sinn. Dieser zeigt sich vielmehr in der generellen Verneinung des Lebens. Es kann sogar ein Widerspruch darin liegen, das Leben zu verneinen und das Leiden anderer auf Kosten des eigenen Wohlbefindens zu mildern, denn dadurch könnte die angeblich überwundene Hochschätzung des Lebens in der Teilnahme am fremden Leben festgehalten werden. Aus diesem Grund führt Schopenhauer den Impuls zur Linderung fremden Leidens auf eine andere Quelle zurück: Wer die wahre Erkenntnis über das Leben gewonnen habe, werde gegen die erkannte Idee aufbegehren und sie abändern wollen, was ihn schließlich dazu führe, anderen zu helfen, indem er seinen eigenen Willen verleugnet und verneint. Aus Protest wendet sich die Erkenntnis des wahren Werts des Lebens gegen das eigene Leben. Diejenigen, die diesen Weg wählen, nennt Schopenhauer selig und tugendhaft. Sie gehen den Weg der Heiligen, der nicht zur Pflicht werden könne. Dies befreie aber nicht davon, beim Anblick fremden Leidens zu helfen. Denn wer sich gegen fremdes Leiden verschließe, setze sich in Widerspruch zu der Erkenntnis, daß Leben Leiden ist. Wer es unterläßt, beim Anblick fremden Leidens Hilfe zu leisten, und stattdessen seinen eigenen Willen befriedigt und seine Existenz sichert, der bejaht dadurch das Leben, dessen Leiden er vor sich sieht. Doch entgegen seiner Erkenntnis über Leben und Leiden hielt Schopenhauer unverwandt am Willen zum Leben fest, der nur durch den eigenen Schmerz gebrochen werden kann.

Auf Schopenhauers These, daß die unterlassene Hilfeleistung im Widerspruch zur generellen Ansicht über den

Leidenscharakter des Lebens stehe, hätten sich die philanthropischen Organisationen berufen können. Sie waren nämlich dadurch entstanden, daß man bestimmte Leiden und Leidensarten in ihrer Bedeutung entdeckt hatte, die bis dahin wenig beachtet worden waren. Das galt für die Leiden der Sklaven, die durch Harriet Beecher-Stowes Roman *Onkel Toms Hütte* auf neuartige Weise dem Fühlen der zivilisierten Menschheit zugänglich wurden, das galt auch für die Leiden der Verwundeten auf dem Schlachtfeld, die Henri Dunant entdeckte und die ihn zur Gründung des Roten Kreuzes veranlaßten, oder auch für die Leiden der gequälten Tiere, die in Vereinen und Organisationen Aufmerksamkeit fanden. Das Mitgefühl gab den Anstoß zu organisatorischen und gesetzlichen Maßnahmen. Man linderte nicht so sehr konkretes Leiden, sondern arbeitete daran, neuerdings empfundene Widersprüche in der Lebensauffassung der Gesellschaft zu beseitigen. Als man den Sklavenhandel durch die Gesetzgebung aufhob, blieb man ungerührt vom Schicksal der befreiten Sklaven. Die gesetzgeberische Tat entsprang aus einer allgemeinen Erkenntnis über das Leben, die durch das Mitleid angeregt war. Die Wahrnehmung des Leidens führte zu Handlungen, die es bei Erkenntnis nicht bewenden lassen wollten. Die Einzelnen, die die Hilfsorganisationen des neunzehnten Jahrhunderts ins Leben riefen, waren Virtuosen der Übersetzung der Wahrnehmung des Leidens in selbstlose Werke der Hilfe: Sie wurden von der Öffentlichkeit wie Heilige verehrt: Florence Nightingale und Henri Dunant, die Verwundete im Krieg pflegten, William und Catherine Booth, die sich der Armen annahmen, Harriet Beecher-Stowe, die eine neue Sensibilität für die Leiden der schwarzen Sklaven schuf. Sie alle waren Virtuosen der Einfühlung in die Leiden anderer Menschen und handelten stellvertretend für die Gesellschaft, die sie ihrerseits durch freiwillige Hilfe unterstützte oder auf andere Weise indirekt half, wie die Engländer, die auf den Zucker im Tee verzichteten, weil er durch die Arbeit von schwarzen Sklaven gewonnen wurde.

Die im neunzehnten Jahrhundert geschaffenen Hilfsorganisationen waren praktische Formen des Protests gegen das Leiden, sie wollten es reduzieren oder ganz beseitigen. Auch wenn Schopenhauers Pessimismus und Verneinung des Lebens von ihnen nicht geteilt wurden, bewegten sie sich in denselben Bahnen eines säkularen Umgangs mit dem Leiden. Die rationale Organisationsform der philanthropischen Einrichtungen entsprach dabei dem, was Schopenhauer als Erkenntnischarakter des Mitleids begriffen hatte.

DIE SCHREIE DER VERWUNDETEN

Henri Dunant und die humanitäre Moral

Am 24. Juni 1859 besiegten die Franzosen und Sardinier die Österreicher in der Schlacht von Solferino, die Österreicher verloren zweiundzwanzigtausend, die Franzosen zwölftausend Mann. Henri Dunant hat 1862 in seinem Buch *Un Souvenir de Solferino* über die Schlacht berichtet: «Auf diesen Seiten schildere ich nichts weiter als meine persönlichen Eindrücke: Man soll hier also weder spezielle Einzelheiten noch strategische Auskünfte suchen, die ihren Platz in anderen Werken haben.» Henri Dunant ist wie ein Tourist in das Schlachtgeschehen hineingeraten. Französische Veteranen der Schlacht von Solferino werden sich noch lange an ihn als «le Monsieur blanc» erinnern, der, ganz in weiß gekleidet, über das Schlachtfeld wanderte. Nachdem er den Aufmarsch der Armeen beschrieben hat, wie es ein Historiker tun würde, ändert sich, kaum daß die Kämpfe begonnen haben, der Ton seines Berichts: «Österreicher und Alliierte bedrängen einander, schlagen sich tot über blutenden Leichnamen, erschlagen einander mit Kolbenhieben, schlagen sich die Schädel ein, schlitzen sich mit dem Säbel oder dem Bajonett den Bauch auf; es gibt kein Pardon mehr, es ist eine Schlächterei, ein Kampf wilder Tiere, die rasen und trunken von Blut sind.»

Es dauert nicht lange, bis die Protagonisten der Erzählung auftauchen, die Verwundeten. Eine Schwadron der Kavallerie nähert sich im Galopp, die Pferde zermalmen mit ihren Hufen die Toten und die Sterbenden, einem Verwundeten wird der Kiefer weggerissen, einem anderen der Kopf zerquetscht, einem dritten die Brust eingedrückt. In das Wiehern der Pferde mischen sich Wutschreie und Klagerufe von Schmerz und Verzweiflung. Die Artillerie bahnt sich einen Weg über Leichen und Verwundete, die am Boden stöhnen: «Da quillt nun das Gehirn hervor, die Glieder werden gebrochen und zermalmt, der Boden saugt sich mit Blut voll, und die Ebene ist übersät von menschlichen Überresten.» Der Beobachter bringt diese grausamen Details in einen grellen Kontrast zum Prunk des Aufmarsches der Armeen und zum Schlachtgepränge. Doch die heldenhafte Aufführung kann sich nur für Augenblicke gegen die Szenen des Grauens behaupten: «Man tötet sich en gros, man tötet sich en détail», lautet Dunants illusionsloses Fazit. Er macht den Versuch, den Mythos des Heldentums mit seiner Sicht des Geschehens zu verschmelzen, indem er ihn zu einer Todesallegorie steigert: «Der Leutnant de Guiseul, der die Fahne eines Linienregiments trägt, wird mit seinem Bataillon von zehn Mal stärkeren Kräften eingeschlossen; von einem Schuß getroffen, sinkt er zu Boden, indem er das kostbare ihm anvertraute Tuch an seine Brust preßt; ein Sergeant bemächtigt sich der Fahne, um sie vor den Händen der Feinde zu retten; der Kopf wird ihm von einem Geschoß weggerissen; ein Kapitän, der die Fahnenstange an sich reißt, tränkt im gleichen Augenblick mit seinem Blut die Fahne, die zerbricht und zerreißt.»

Gelegentlich läßt der Schlachtbeobachter mitten im Getümmel, im Sturm von Eisen, Schwefel und Blei, in Feuergarben, die die Luft von allen Seiten wie Blitze durchzukken, Augenblicke des Mitgefühls aufscheinen. Einem Unteroffizier wird ein Arm zerquetscht, das Blut strömt aus der Wunde. Unter einem Baum hingestreckt, wird er von einem Soldaten aufs Korn genommen, aber ein Offizier gebietet ihm Einhalt, geht zu dem Verwundeten, drückt ihm mitfühlend die Hand und läßt ihn an einen sicheren Platz bringen. Es ist ein seltener, ein kostbarer Augenblick. Henri Dunant merkt an, daß die Tiere menschlicher seien als die Menschen. Die Pferde vermieden es, die auf dem Schlachtfeld liegenden Verwundeten mit ihren Hufen zu treffen, und ein Hund, der seinem Herrn aufs Schlachtfeld gefolgt war und, nachdem dieser gefallen war, verwundet wurde, schleppt sich zu seinem toten Herrn, um auf seiner Leiche zu sterben.

Für den Kriegshistoriker endet die Schilderung mit der Entscheidung der Schlacht, aber für Dunant, dem das Schicksal der Verwundeten am Herzen liegt, ist dies der Augenblick, in dem seine Arbeit beginnt. Während der Kampfhandlungen werden verwundete Offiziere, Unteroffiziere und Soldaten von Ambulanzen versorgt. Auf Hügeln aufgepflanzte rote Wimpel bezeichnen die Plätze, wo sie behandelt werden. Die Lazarette sind durch schwarze Flaggen gekennzeichnet. Obwohl eine stillschweigende

Übereinkunft besteht, nicht in diese Richtung zu schießen, schlagen dort immer wieder Bomben ein. Am Abend und in der Nacht beginnen die Soldaten, nach Kameraden, Landsleuten und Fremden zu suchen. Finden sie einen Soldaten, den sie kennen, so versuchen sie, ihn wiederzubeleben und versorgen ihn, so gut sie können. Aber es fehlt an Wasser. Viele Verwundete verdursten in unmittelbarer Nähe der kampierenden Truppe: «Ein Tiroler, der nicht weit von ihrem Biwak stöhnte, richtete flehende Bitten an sie, die nicht erfüllt werden konnten, weil es kein Wasser gab. Am nächsten Morgen fand man ihn tot, mit Schaum vor dem Mund voller Erde, sein aufgedunsenes Gesicht war grün und schwarz. Bis zum Morgen hatte er sich in schrecklichen Krämpfen gewälzt, die Nägel seiner zusammengekrampften Hände waren zurückgebogen.»

Die sich nach der Schlacht zurückziehenden Armeen schleppen einen Troß von Verwundeten hinter sich her, viele von ihnen bleiben stöhnend auf der blutgetränkten Erde zurück. Nachdem sich die Truppen vom Schlachtfeld zurückgezogen haben, beginnt die Suche nach den Verwundeten, die unter den Leichenbergen liegen. Soldaten suchen ihre Kameraden, aber die sie nicht kennen, lassen sie liegen. Aus den umliegenden Ortschaften, Castiglione, Magenta, Montechiaro, Volta, wo schon Tausende von Verwundeten in Spitälern, Kirchen und Privathäusern liegen, machen sich einige Bewohner auf den Weg, um Verwundete, die man vergessen hat, zu finden und sie dorthin zu bringen, wo ihnen vielleicht noch geholfen werden kann. Bei dieser Suche begegnen die Helfer einer besonderen Art von Besuchern des Schlachtfelds, den Kriegstouristen. Ohne helfen zu wollen, befriedigen sie ihre Neugier sogar in den Kirchen, wo die Verwundeten liegen.

Die Szenerie wird jeden Tag düsterer. Die Leichen beginnen zu verwesen, die Verwundeten bleiben in der verseuchten Luft des Schlachtfelds liegen. Es wird immer aussichtsloser, ihnen zu helfen. Henri Dunant organisiert die Hilfe der Frauen von Castiglione. Ihr Mitleid mit den Verwundeten ist groß, aber die Möglichkeiten zu helfen sind gering. Je weniger man helfen kann, desto schwerer ist der Anblick der Verwundeten zu ertragen. Dennoch erlahmt die Hilfsbereitschaft der Bevölkerung nicht. Es fehlt aber an medizinischen Kenntnissen, an Arzneien und Instrumenten. Der Anblick von Leidenden, denen nicht mehr zu helfen ist, wird immer bedrückender. Die Verwundeten, die man in die Krankenhäuser bringt, klagen, daß die Hilfe zu spät komme, um sie vor Amputationen zu bewahren, vielleicht auch zu spät, um deren tödlichen Ausgang zu verhindern: «Wenn man mich früher versorgt hätte, müßte ich nicht sterben.» Manche reißen ihren Verband ab, um ihr Ende zu beschleunigen. Mit der Zeit beginnen die Helfer die Kategorien zu ignorieren, nach denen man die Verwundeten einzuteilen pflegte: Offiziere, Soldaten, Österreicher oder Franzosen. Sie folgen nun dem Beispiel Henri Dunants und hören auf, die Leidenden nach Nationalitäten zu sortieren: «Tutti fratelli», alles Brüder, ist jetzt die Devise. Man will die Qualen lindern und den Verwundeten ihren Lebensmut zurückgeben, das ist alles. Die mitleidigen Helfer verspüren so etwas wie Durst, möglichst vielen zu helfen. Das quälende Gefühl, nicht helfen zu können, wenn Hilfe not tut, verlangt nach einer neuen Moral, in deren Mittelpunkt das menschliche Leben steht und sonst nichts.

Drei Jahre, schreibt Henri Dunant, hätten verstreichen müssen, ehe er die grauenvollen Erinnerungen an die

Schlacht von Solferino und an ihre Verwundeten niederschreiben konnte. Wie er im Vorwort zur zweiten Auflage seines Buches sagt, hatte er zunächst nicht an eine Veröffentlichung gedacht. Dann aber gab er dem Drängen von vielen Seiten nach und legte seine zunächst als Privatdruck erschienene Schrift wieder auf. Mit dieser zweiten Auflage wendet er sich nun an die Öffentlichkeit, um mit ihrer Hilfe sein Ziel zu erreichen. Seine Schilderungen, schreibt er, seien nur ein blasses Bild der Erfahrung jener Tage. Noch immer zerreiße es ihm das Herz, wenn die Erinnerung an eine einzelne Szene plötzlich ein unerwartetes Detail wieder auftauchen lasse, das sein Mitgefühl erregt und ihn erschüttert. Seine Schlachtbeschreibung sollte die Aufmerksamkeit human und philanthropisch gesinnter Menschen auf das Schicksal der Verwundeten lenken. Eine verborgene Welt sollte erschlossen werden. Mit seiner Schilderung der Hilfsbereitschaft der Bevölkerung wollte Henri Dunant vor allem auf das Organisationsproblem aufmerksam machen, das den Schlüssel zur zukünftigen Praxis enthielt. Mitleid und Organisation sollen zu einer neuen Form der Hilfe, der organisierten Hilfe, verbunden werden, die die Grenzen der Nationen überschreiten würde.

An die Stelle der Kriegs- und Schlachtbegeisterung war eine melancholische Stimmung getreten, die auch ihre Helden hatte. Henri Dunant rühmt die Ritterlichkeit des französischen Marschalls Mac Mahon, der die Sorge um die Verwundeten gleich welcher Nationalität als Aufgabe erkannte. Er berichtet auch von einem reichen Marquis, der nach der Schlacht nach Italien aufbrach, um als Philanthrop den verwundeten Soldaten zu helfen. Ein anderer Franzose, der gekommen ist, um den französischen Opfern beizustehen, kümmert sich bald auch um die Österreicher, denen er mit allen Mitteln zu helfen sucht, obwohl ein österreichischer Offizier ihm vor fünfundvierzig Jahren übel mitgespielt hat. Die eigentlichen Helden nach der Schlacht aber sind neben den Chirurgen und den berufsmäßigen Helfern die Bewohner der Orte am Rande des Schlachtfelds, die allen Verwundeten ohne Unterschied helfen. Viele Nationen hatten sich im Gefolge der Österreicher und der Alliierten auf dem Schlachtfeld von Solferino eingefunden, ihr Aufeinandertreffen war eines der verlustreichsten des Jahrhunderts. Dunant spricht von einer europäischen Katastrophe. Zu den vierzigtausend Soldaten und Unteroffizieren, die am 24. Juni fielen, kamen in den folgenden Tagen und Wochen mindestens noch einmal so viele Tote. Es waren Verwundete, die man durch eine besser organisierte Hilfe vielleicht hätte retten können.

Wahrnehmung des Elends

In seiner Schlußbetrachtung ruft der Verfasser der *Erinnerungen an Solferino* dazu auf, eine gewisse Zeit der Ruhe eintreten zu lassen, um über eine Frage von großer Bedeutung für die Menschheit und für das Christentum nachzudenken. Einen Moment lang innezuhalten sei schon ein Teil der Lösung. Damit fähigere Männer sich des Problems annehmen könnten, müsse es zunächst einmal erkannt werden. Dunants Aufruf richtete sich nicht an eine einzelne Nation, sondern an die «verschiedenen Zweige der großen europäischen Familie», an alle, die durch die Leiden ihrer Mitmenschen angerührt wurden. Diese Männer wollte er in freiwillige Gesellschaften der Hilfe zusammenführen, deren Aufgabe es wäre, in Kriegszeiten die Verwundeten zu versorgen oder versorgen zu lassen. Sie sollten bei Kriegsbeginn mit den Regierungen verhandeln, um die Erlaubnis für ihre Hilfsaktion zu erhalten. Henri Dunant charakterisierte die geplante Hilfsorganisation als eine Armee, eine schlummernde Truppe, die bei Kriegsbeginn erwachte. Ein Komitee aus angesehenen Personen, die von «Gefühlen wahrer Philanthropie» geleitet waren, sollte an ihrer Spitze stehen. In Friedenszeiten wurden die Helfer darauf vorbereitet, die Verwundeten auf dem Schlachtfeld zu versorgen und diese Arbeit später in den Spitälern fortzusetzen. Freiwilligkeit und humane Gesinnung gehörten zusammen. Dies war Henri Dunants Botschaft: «Welche Anziehungskraft muß es in diesem Jahrhundert, dem Egoismus und Kälte vorgeworfen wird, für edle und mitfühlende Herzen, für ritterliche Charaktere haben, mit den Soldaten die Gefahren des Krieges zu teilen, dies aber in einer ganz und gar freiwilligen Mission des Friedens, des Trostes und der Selbstverleugnung zu tun.» Humane Tapferkeit sollte sich mit kriegerischem Mut messen.

In seinem Appell beruft sich Henri Dunant auf eine Reihe großer Vorläufer, auf Karl Borromäus, den Bischof von Mailand, der 1576 den Pestkranken Hilfe leistete, auf John Howard, der überall in Europa die Gefängnisse, Lazarette und Spitäler inspizierte, auf Schwester Barbe Schnyder, die sich 1799, als fremde Truppen ihr Land heimsuchten, um die Verwundeten beider Seiten kümmerte, auf Schwester Marthe in Besançon, die 1813 bis 1815 die Verwundeten der Kriegsparteien versorgte. In jüngster Zeit war der Krimkrieg in bis dahin nicht gekanntem Ausmaß Schauplatz freiwilliger Hilfeleistung gewesen. Angeführt von der Großherzogin Helena Pawlowna, geborene Charlotte von Württemberg, waren dreihundert russische Damen angereist, um in den Lazaretten zu helfen, und im November 1854 war Florence Nightingale mit siebenunddreißig englischen Damen eingetroffen, um Verwundete zu pflegen. Das Bild der «lady with the lamp», die mit einem Licht in der Hand durch die Nacht eilt und die Zustände in den Militärspitälern inspiziert, hat sich tief eingeprägt. Die Soldaten auf der Krim sollen gesagt haben: «Wir küßten ihren Schatten, wenn er vorüberstrich.» Die Erinnerung an sie, meint Dunant, werde für immer in den Annalen aufbewahrt werden – als Symbol der freiwilligen Hilfe.

Noch nie, erklärte er, sei in einem Krieg die spontane Barmherzigkeit so groß gewesen. Aber die zerstreuten Initiativen einzelner müßten zu «kollektiver und organisierter Sympathie» zusammenwachsen, die Hilfe müsse beschleunigt werden, um mit der Kriegstechnik Schritt zu halten. Die von ihm geplante Hilfsorganisation stand in Konkurrenz mit einer sich kräftig entwickelnden Kriegsmaschinerie. Die freiwillige Hilfe zu organisieren war eine Forderung von Zivilisation und Humanität, und das Ziel schien so evident, daß sich kein human Gesinnter ihr verweigern konnte. Es war, wie Dunant betont, ein Anliegen der ganzen Welt, der Menschen aller Länder und jeden Ranges, der Mächtigen wie der einfachen Arbeiter. Sein Appell richtete sich an Feldmarschälle wie an Philanthropen, aber auch an Schriftsteller, die durch ihre Veröffentlichungen einen wertvollen Beitrag leisten konnten. Auch wenn die Kriegstechnik der Zukunft die Dauer der Kriege verkürzte, würden sie umso mörderischer sein. Henri

Dunant sah voraus, daß eine Zeit großer Kriege bevorstand: «Müssen nicht in diesem Jahrhundert», fragt er am Ende seines Buches, «in dem das Unvorhergesehene eine so große Rolle spielt, die Kriege ganz plötzlich und unvorhergesehen ausbrechen?»

Organisiertes Mitleid

Schon ein Jahr nach der Veröffentlichung seiner *Erinnerungen an Solferino* trat in Genf die erste Rotkreuzkonferenz zusammen. Am 22. August 1864 wurde die Genfer Konvention verabschiedet, es entstanden nationale Komitees, völkerrechtliche Verträge wurden geschlossen. Als Symbol wählte man das rote Kreuz auf weißem Grund. Kaum je hat ein Privatmann bei der Durchsetzung einer humanitären Idee einen so raschen Erfolg gehabt. Dunants Grundsätze wurden in zwischenstaatlichen Verträgen ratifiziert: Gleiche Behandlung von Freund und Feind, besonderer Schutz des Sanitätsdienstes im Feld und völkerrechtliche Anerkennung der freiwilligen Sanitätshilfe. Auch das Prinzip der freiwilligen Hilfe, deren Impuls aus der unmittelbaren menschlichen Teilnahme beim Anblick der Leidenden kam, wurde ausdrücklich anerkannt.

Henri Dunants Weltruhm als Gründer des Roten Kreuzes steht in merkwürdigem Gegensatz zu seinem abenteuerlichen Leben, in dem sich, immer in Verbindung mit riskanten finanziellen Operationen, ein Projekt der Menschheitsbeglückung an das andere reihte. So war er der erste, der einen Plan zur Ansiedlung der Juden in Palästina entwickelte und für die Neugründung des jüdischen Staates eintrat. Obwohl nicht Jude, trat er der von Adolphe Crémieux geführten «Alliance israélite universelle» bei, um dort für seine Idee zu werben. Ein halbes Jahrhundert vor Theodor Herzl legte Henri Dunant seinen Plan den Großmächten vor, die Garantien für seine Verwirklichung übernehmen sollten. Napoleon III. und der Sultan sicherten ihm Unterstützung zu. Da er jedoch bei den Juden in Frankreich nur geringes Echo fand, ging er Ende der fünfziger Jahre nach Berlin, um dort für seine Idee eines jüdischen Staats in Palästina zu werben. Er hatte dort größeren Erfolg als irgendwo sonst. Im Jahre 1866 plante er eine «Société internationale pour la rénovation de l'Orient», ein Vorhaben, das er nicht weiterverfolgen konnte, da seine geschäftlichen Unternehmungen 1868 scheiterten. Er wurde wegen betrügerischen Bankrotts verurteilt, verlor sein gesamtes Vermögen und irrte nun, von der Öffentlichkeit vergessen, in Europa umher. Man hielt ihn für tot, bis eine Zeitung ihn 1895 ausfindig machte: «Der Gründer des Roten Kreuzes lebt.» 1901 erhielt Henri Dunant zusammen mit dem Franzosen Fréderic Passy den zum ersten Mal verliehenen Friedensnobelpreis.

Trotz des Erfolges der von ihm begründeten Organisation des Roten Kreuzes hätte Henri Dunant leicht vergessen werden können, während Florence Nightingale mit ihrer Hilfsaktion bei den Verwundeten auf der Krim rasch einen bis heute anhaltenden Ruhm errang, den sie freilich gering achtete. Mit siebzehn Jahren hatte sie eine Erleuchtung, bei der sie Stimmen hörte, wie später noch oft. «Gott sprach zu mir und berief mich in seinen Dienst», notierte sie am 17. Februar 1837 in ihrem Tagebuch. Sie sah damals ihre Berufung darin, eine neue Religion für freidenkerische

Arbeiter zu schaffen. Zu ihrer eigentlichen Berufung fand sie, als sie mit zweiundzwanzig Jahren in einem Weberdorf Armut, Krankheiten und Verwahrlosung aus der Nähe kennenlernte. Mit den damals gesammelten Erfahrungen begann sie das Sanitätswesen des britischen Heeres zu reformieren und schuf in Großbritannien eine moderne Gesundheitspflege, ein Lebenswerk von beispielloser Konzentration. Ihre Idee humanitärer Hilfe wurde in unmittelbarer Nähe zur militärischen Organisation geboren, als hätte sie die in der Armee und im Krieg erprobten Mittel für friedliche Zwecke nutzen wollen. Florence Nightingales Leben war ein Abenteuer, sie suchte nach Verbindungen zwischen religiösen Erlebnissen und der neuen humanitären Lebensform. Sie starb 1911 im Alter von zweiundachtzig Jahren. Als ihre Tagebücher veröffentlicht wurden, konnten sich manche Leser dem Eindruck nicht verschließen, einem neurotischen Genie der Humanität zu begegnen.

Ein Beispiel für die merkwürdige Verbindung von Krieg und Philanthropie ist auch das Werk von William Booth, der die Heilsarmee gründete. Als Fünfzehnjähriger war er 1844 zum Methodismus konvertiert, zum Glauben an die augenblickliche Erlösung. Durch diesen Glauben fiel ein Licht auf alle, die dazu verurteilt waren, daran nicht teilhaben zu können. Ihrer nahm sich Booth besonders an: Trinker, Prostituierte und Arme. Die Heilsarmee, die William Booth zusammen mit seiner Frau Catherine gründete, unterschied sich von anderen Wohlfahrtsorganisationen der Zeit durch ihr militärisches Erscheinungsbild und Reglement. Bis ins kleinste Detail war sie ein genaues Abbild der Armee: Man hielt einen «War Congress» ab, dessen Motto martialisch «Blood and Fire» lautete, die Zeitschrift hieß

«The War Cry», das Oberhaupt «The General», die Missionare waren «Officers» und die einfachen Mitglieder «Soldiers» in entsprechenden Uniformen, die Ortsgruppen hießen «Corps» und die Unterkünfte «Forts» und «Baracks». In nur zwölf Jahren wuchs diese Armee zu einer Größe von dreitausend Korps und zehntausend Offizieren heran, es gab Außenposten in einem halben Dutzend Ländern. Die meisten Mitglieder stammten aus der Arbeiterklasse.

Man unterschied in England zwischen «deserving» und «undeserving poor», zwischen selbstverschuldeter und unverschuldeter Armut. Die Heilsarmee erkannte diese Unterscheidung nicht an, da sie auf einer Wahrnehmung des Elends beruhte, die die gesellschaftlichen Kategorien der Zeit spiegelte. Das wirkliche Elend ließ sich so nicht erfassen. William Booth sprach von den «submerged tenth», dem unter der Oberfläche verborgenen Zehntel der englischen Bevölkerung, das gerettet werden sollte, wie Booth 1890 in seinem, von einem Journalisten als Ghostwriter verfaßten Buch *In Darkest England and the Way out* ankündigte. Der Titel des Buches war eine Anspielung auf Stanleys Bericht über seine Afrikaexpedition, *In Darkest Africa*. William Booth ging es allerdings nicht um koloniale Expansion, sondern um die innere Erschließung der englischen Gesellschaft, die ihre eigenen weißen Flecken entdecken sollte. Unterhalb der normalen Gesellschaft war eine andere Gesellschaft freizulegen, aus der die Untergetauchten ans Licht treten sollten. Booth hatte den ehrgeizigen Plan, in den Städten, auf dem Land und in Übersee ein Netz von Kolonien zu errichten, um die übersehene Bevölkerung mit dem Lebensnotwendigen und mit Wohnungen zu unterstützen. In diesen Kolonien sollten die Armen mit den Reichen, die sie unterstützten, zusammenleben.

Die achtziger Jahre des neunzehnten Jahrhunderts waren im viktorianischen England die große Zeit der Armenfürsorge, von Wohltätigkeit und philanthropischen Aktivitäten. Allein in London gab es mehr als siebenhundert Gesellschaften zur Verteilung von Wohltaten, für die Beseitigung des sozialen Elends und gegen Unterdrückung. Catherine Booth soll 1887 geseufzt haben: «Wohltätigkeit ist in jüngster Zeit Mode geworden.» Auch der Schriftsteller Henry James beobachtete einen Boom der Wohltätigkeit: «Zu welcher Zeit und für welche gute Sache auch immer, es scheint immer genügend Geld und genügend Wohlwollen vorhanden zu sein, um in ausreichendem Maße auf das Elend zu reagieren.» Er war beeindruckt von der Vollkommenheit, zu der die «Wissenschaft», Wohltaten zu verteilen, es gebracht hatte. Von Wissenschaft sprach er, weil man die Hilfe in großem Stil nach dem Vorbild von Staat und Militär organisierte. All diese Initiativen veränderten die Wahrnehmung des Elends, man lernte, die großstädtische Armut und Verwahrlosung als Aufgabe freiwilliger Hilfe wahrzunehmen und nicht durch abstrakte Entwürfe einer Veränderung der Gesellschaft.

Eine Philosophie des Elends

William James, der Bruder des Schriftstellers Henry James, veröffentlichte 1897 sein Buch *The Will to Believe* mit der Widmung: «Meinem alten Freund Charles Sanders Peirce, dessen philosophischer Kameradschaft in alten Zeiten und dessen Schriften der jüngeren Vergangenheit ich mehr Anregung und Hilfe verdanke, als ich ausdrücken oder erwidern kann.» Peirce, der Gefährte aus dem «Metaphysical Club» in Cambridge, war damals schon lange aus allen akademischen Institutionen ausgeschlossen. Nachdem seine Ehe gescheitert war, war er bei der Universitätsleitung angezeigt worden, weil er, ohne geschieden zu sein, mit der fünfundzwanzig Jahre jüngeren Juliette Froissy zusammenlebte. Wegen dieser Affäre wurde ihm die Professur für Logik an der Johns Hopkins Universität 1884 verwehrt, so daß er nie mehr eine Anstellung an einer Universität erhielt. Es war sein Ausschluß aus der akademischen Welt. 1891 endete auch seine Arbeit für das Amt für Vermessung und Gravitationsforschung in Washington, das sein Vater viele Jahre lang geleitet hatte. Alle Bemühungen um regelmäßige Einkünfte scheiterten. Peirce zog sich in ein Haus in Milford, Pennsylvania, zurück, das er geerbt hatte, nahm gelegentlich noch an Sitzungen der National Academy of Sciences teil, hielt vereinzelt Vorlesungen und versuchte noch eine Weile, wieder Zugang zur akademischen Welt zu erhalten, ohne Erfolg. Der geniale Logiker lebte bis zu seinem Tod 1914 mit seiner Lebensgefährtin in dem Haus in Milford, das kaum zu heizen war, so daß im Winter oft die Tinte gefror.

Diese bitteren Erfahrungen schildert Peirce in seinem Brief an William James. Er dankt ihm für die Widmung, vor allem aber will er ihm eine Entdeckung mitteilen: «Außerdem hat sich mir eine Welt enthüllt, von der ich nichts wußte und die, soweit ich sehen kann, keinem, der je geschrieben hat, wirklich vertraut war: die Welt des Elends.» Dazu konnte einem Kenner der zeitgenössischen Literatur Victor Hugos Name einfallen, der durch die Schilderung des Elends in seinem Roman *Les Misérables* berühmt geworden war. Nicht einmal Victor Hugo, schreibt Peirce, der von allen Schriftstellern am wenigsten töricht über das Elend geschrieben habe, habe davon wirklich etwas verstanden. Er habe wohl kaum einmal mehrere Tage verbracht, ohne etwas zu essen, und dies sei nur die unbedeutendste der Erfahrungen des Elends. Es reizte Peirce, selbst zur Feder zu greifen, und er sah sich schon als Verfasser einer «Physiologie des Elends». Er glaubte nämlich, daß das Elend seine Gedanken geklärt und geordnet hatte: «Viel habe ich vom Leben und der Welt gelernt in diesen Jahren, es hat starkes Licht auf die Philosophie geworfen.» Licht auf Probleme zu werfen war für Peirce das Äußerste, was ein Philosoph erreichen konnte, der mit streng logischen Methoden seine Gedanken klärte. «How to make our ideas clear» ist der Titel eines seiner berühmten Essays. Er meinte nun, daß das Elend zu dieser philosophischen Aufgabe beitrage. Im Elend messe man dem Geistigen – freilich nicht einer «abstrakten Geistigkeit» – einen größeren Wert bei. Peirce erklärt, daß seine Achtung vor Buddha durch die Erfahrung des Elends gewachsen sei, er habe gelernt, die einzelne Tat höher zu schätzen, sie sei, wie er in der Sprache seiner logischen Untersuchungen sagt, «die einzige Bedeutung, die sich im Begriff finden läßt».

Damit folgte Peirce der Lehre des Pragmatismus, die ihn, bei allen Unterschieden der philosophischen Einstellung, mit William James verband: Die praktischen Folgerungen aus einem Satz sind die Bedeutung eines Satzes. Diese Lehre hatte offensichtlich noch weiter reichende moralische Implikationen, wie Peirce erst durch seine Begegnung mit der Armut erfuhr: Das Gute existierte nur als einzelne Tat, aber es war, wie er jetzt erkannte, nicht «die bloße willkürliche Kraft der Tat», die ihren Wert ausmachte. Entscheidend war vielmehr «das Leben, das sie der Idee verlieh». Für den Pragmatismus war es nicht die Tat, die die Bedeutung bestimmte, sondern es war die Bedeutung der Tat, den Ideen und Gedanken Leben zu verleihen. Wer etwas Gutes tat, wußte auf lebendigere Weise, was «gut» bedeutet, er tat es nicht aus Idealismus, sondern für die Verlebendigung seiner Ideen. Nicht durch Handlungen und ihre Folgen die Wirklichkeit zu beherrschen, sondern die eigene Vorstellungswelt lebendig werden zu lassen war das Ziel.

Überzeugungen und Entscheidungen, die in der Handlungslehre des Pragmatismus eine zentrale Rolle spielten, waren nur noch für eine bestimmte Art von Handlungen wichtig: «Was ‹Überzeugungen› und ‹Entscheidungen› betrifft, sofern sie in ihrer Bedeutung darüber hinausgehen, daß wir einen Plan für die Vorgehensweise haben und dem Plan entsprechend eine gegebene Verhaltensbeschreibung ausprobieren, so neige ich zu der Annahme, daß sie mehr schaden als nützen.» Überzeugungen und Entscheidungen hätten nur einen pragmatisch-technischen Wert, indem sie es möglich machten, Handlungen zu organisieren und planend in den Griff zu bekommen. Darüber hinaus aber schadeten sie mehr, als daß sie nützten. Die strenge Koordinierung von Überzeugungen und Verhaltensweisen, durch die schließlich ein stabiler, das Handeln begleitender Glaube ausgebildet wird, sei zwar, erklärt Peirce, «höchst notwendig bei Geschäften», aber völlig untauglich, wenn man sein Verhalten ändern und ihm eine andere Richtung geben wolle. Es ging dabei um eine andere Art von Überzeugungen und um eine andere Art von Glauben. Nicht Beständigkeit und Dauer sind das Ziel, vielmehr soll das Umdenken gelernt werden. Auch logisch seien «Fragen von höchstem Interesse» von anderer Art als die Fragen, deren sich der Pragmatismus annahm. Bei ihnen gehe es nicht logisch zu, erklärte der Logiker, denn ein Interesse als höchstes anzusehen, sei keine Frage der Logik: «Kein Mensch, der sein persönliches Wohl für eine Frage von überwältigender Bedeutung hält, kann logisch sein.» Peirce erschien es deswegen als unlogisch, wenn die Reichen über die Hilfe für die Armen nachdachten. Denn sie konnten nicht wissen, was Armut und Elend bedeuten: «Es wird einem schwindelig und übel», schreibt er, «bei dem Gedanken an diese ehrenwerten Leute, die etwas für ‹die Armen› oder noch schlimmer ‹die Armen, die es verdient haben› tun wollen.» Diese Ablehnung der Wohltätigkeit und Philanthropie beruhte auf der logischen Unmöglichkeit, die Welt der Armen aus der Sicht der Reichen zu verstehen.

Die Erfahrung der Armut, die Charles Sanders Peirce in seinen späten Lebensjahren machte, war für ihn eine Art Erleuchtung, die einen unüberbrückbaren Abstand zwischen der Welt der «ehrenwerten Leute» und der Armen schuf. Der Abstand zwischen beiden Welten war so groß, daß die Überzeugungen, die in der einen wie in der anderen Welt galten, nicht in Beziehung zueinander gesetzt, geschweige denn zur Deckung gebracht werden konnten. In seiner Isolierung glaubte Peirce eine Welt zu entdecken, der mit der Logik nicht beizukommen war: das Reich des Unlogischen. Die Unterschiede zwischen der Welt der Reichen und der Armen waren Unterschiede der Logik. So entdeckte Peirce, daß der Pessimismus die «Krankheit der Wohlhabenden» war, während die Armen es für möglich hielten, daß die Welt besser werden könnte. Ihr Optimismus ging sogar so weit, daß sie bereit waren, darüber nachzudenken, wie «die beste vorstellbare Welt» aussehen könnte – nämlich «weit besser als die bestmögliche Welt». Peirce bestritt deswegen auch, daß die Menschen aus einer pessimistischen Philosophie heraus Selbstmord begingen, vielmehr seien sie allenfalls persönlich entmutigt, «weil ihr Leben anscheinend für niemanden sonst gut ist».

Die Philosophie des Elends, die Peirce nicht geschrieben hat, war eine Rechtfertigung der Welt von unten. Er fragte sich, wie «die beste vorstellbare Welt» aus der Sicht der Armen aussehen würde, eine Welt, zu deren Verbesserung auch sie einen Beitrag leisten konnten und die sie deswegen zu Optimismus inspirieren würde. Es ging um eine Verbesserung der Welt aus der Sicht der Armen. Der Pessimismus der Reichen hatte die Vorstellung von einer Welt jenseits der wirklichen eingetrübt. Charles Sanders Peirce hat seine Philosophie des Elends nur in seinem Brief an William James skizziert, während im weiteren Briefwechsel vor allem die Hindernisse greifbar werden, die ihrer Ausführung entgegenstanden. Als William James Peirce zu Vorlesungen nach Cambridge einlud, damit er dort «Fragen von lebenswichtiger Bedeutung» behandelte, dachte er nicht an die Philosophie des Elends, die Peirce ihm in Andeutungen vorgetragen hatte, sondern an Vorlesungen, die den Studenten als geistige Orientierung dienen sollten. Nichts aber konnte Peirce mehr zu Sarkasmen reizen als das ehrenwerte Bemühen um eine rationale Behandlung von Lebensfragen. In den Vorlesungen, die er 1898 in Cambridge hielt, tat er denn auch alles, um solchen wohlgemeinten Ratschlägen den Boden zu entziehen. Seine Vorlesungen wurden zu einer Polemik gegen den Glauben an die Rationalität: «Die Menschen bilden sich oft ein, daß sie mit Verstand handeln, tatsächlich sind ihre vermeintlichen Gründe aber nichts weiter als Entschuldigungen, die der unbewußte Instinkt zur Beruhigung des Ego mit dessen lästigen ‹Warum› erfindet. Diese Selbsttäuschung geht so weit, daß sie den philosophischen Rationalismus zu einer Farce macht.» Vor allem die Absicht praktischer Anwendung verderbe alles, sie verhindere, daß man in der Wissenschaft weiterkommt, sie gefährde aber auch die «eigene moralische Integrität und die der Leser». In Krisen sei die rationale Argumentation untauglich, der Verstand ziehe sich dann auf seinen innersten Kern zurück und rufe den Instinkt zu Hilfe: «Der Verstand beruft sich letztlich auf das Gefühl, und das Gefühl empfindet sich seinerseits als den Menschen.» Seine Zurückweisung rationalistischer Illusionen nannte Peirce deswegen eine «einfache Apologie des philosophischen Sentimentalismus», eine Rechtfertigung des Gefühls als Entscheidungsgrund in Extremsituationen.

Religion der Humanität

Auf diese Entmutigung des Rationalismus durch Charles Sanders Peirce antwortete William James mit einer Philosophie radikaler Reformen, die auf einem neuen Prinzip beruhte: Die Philosophie sollte sich fähig machen, «auf die Schreie der Verwundeten zu hören». Es waren die Schreie, die im amerikanischen Bürgerkrieg, der die Generation von Peirce und James geprägt hatte, in Kriegen und Katastrophen nicht gehört worden waren. Offenbar sollte die Philosophie jene philanthropische Sensibilität, der Henri Dunant und andere Philanthropen neue Handlungsmöglichkeiten erschlossen hatten, in sich aufnehmen. Für diese neue «Religion der Humanität» wollte William James ein ethisches Fundament für eine neue Geschichte der ethischen Ideale schaffen. Die ethischen Errungenschaften der Vergangenheit waren daran zu messen, wie die Wahrnehmung der Schreie der Verwundeten durch sie geschärft worden war. Es lag nahe, darauf zu sehen, wie umfassend die ethischen Ideale in den verschiedenen Stadien des ethischen Bewußtseins jeweils gewesen waren, wo sie ihre Grenzen hatten und wie sie sich für neue Mitglieder der ethischen Gemeinschaft öffneten.

Die Entwicklung der ethischen Ideale folgte einer Logik der Erweiterung, die William James in Anlehnung an Darwins Lehre vom allmählichen Einswerden der Menschheit entwarf. Die ethischen Prinzipien entwickelten sich zu einer immer umfassenderen Ordnung, die schließlich alle Menschen einschließen würde: «Der Lauf der Geschichte ist nichts anderes als die Erzählung von den menschlichen Kämpfen, die von Generation zu Generation eine immer umfassendere Ordnung hervorbringen.» Der wichtigste Beitrag zum ethischen Fortschritt war es deswegen, Ideale zu verwirklichen, die über die Grenzen der eigenen Gemeinschaft hinaus wirksam wurden. William James glaubte, daß jeder einzelne einen Beitrag zu dieser Erweiterung der ethischen Ordnung und zum Frieden leisten könne: «Erfinde irgend eine Art, deine eigenen Ideale zu verwirklichen, die auch Bedürfnisse anderer erfüllen wird – dies und nur dies ist der Weg zum Frieden!» Vom Inhalt dieser Ethik war kaum die Rede, umso mehr aber von der Erweiterung der Moral und davon, möglichst wenige Menschen von ihrer Verwirklichung auszuschließen. Die Idee einer immer umfassenderen moralischen Ordnung war selbst ein ethisches Ideal, das höchste ethische Ideal.

Es galt also, nicht den alten Idealen folgen, sondern neue zu entwerfen, die dem Kriterium der immer umfassenderen Inklusion genügten. Ein neues ethisches Ideal zu verwirklichen, statt eklektisch den alten Idealen zu folgen, hatte auch den Vorzug, daß die Grenzen und Kosten des neuen Ideals im Zuge seiner Durchsetzung unmittelbar erfahrbar wurden – durch das, was William James «die Schreie der Verwundeten» nannte, also den Protest all derer, die von diesem neuen Ideal verletzt oder ausgeschlossen wurden. Dieser Entwurf einer neuen Ethik erlaubte es darüber hinaus, auch die Geschichte der ethischen Ideale in einer ethisch bedeutsamen Weise nachzuerzählen. Zu allen Zeiten, erklärt William James, habe das «höchste ethische Leben – so wenige seine Last zu tragen vermochten – darin bestanden, Regeln zu brechen», wenn sie für die Gegenwart zu eng geworden waren. Eine solche Wahl zu treffen und danach zu handeln sei immer ein «unbedingtes Gebot» gewesen, so daß die Absicht, das umfassendste Universum des Guten zu verwirklichen, der Geschichte ethischer Ideale unterlegt werden konnte. Das Kriterium der moralischen Erweiterung erlaubte es, von moralischen Fortschritten zu sprechen, sobald eine Überschreitung des Geltungsbereichs der alten Ideale erkennbar wurde. Der Moralfortschritt bestand in «Kämpfen von Generation zu Generation» und ähnelte damit dem Gang der biologischen Evolution. Im Postulat der Erweiterung steckte auch der Glaube, daß jede Erweiterung schon eine Verbesserung bedeutete. Man konnte sich offenbar nicht vorstellen, daß die Menschheitsmoral ihren ethischen Verpflichtungsgehalt verlieren könnte. Dann wäre die

Menschheitsmoral nichts anderes als eine technische Integration der Menschheit.

Das Modell des Moralfortschritts, das der Bruder des Schriftstellers Henry James entwarf, erinnert an die Verfahrensweisen, mit denen die künstlerische Avantgarde damals zu operieren begann, indem sie gegen die Ideale der Vergangenheit neue Ideale setzte, deren Erweiterung zu einer umfassenden neuen Kunst das Programm der Moderne war. Wenn das innovative Potential verbraucht war, mußte ein neuer Vorstoß gemacht werden, der schließlich wiederum überboten wurde. Die Ungewißheit, ob wirklich ein umfassendes Ideal realisiert werden kann, gehört zu dieser Vorgehensweise. Wie der Künstler optiert auch der Philosoph für ein immer inklusiveres Universum, nämlich, wie William James sagt, «für das Gute, das am besten organisierbar zu sein scheint und am ehesten in der Lage ist, in komplexe Kombinationen einzutreten, am meisten geeignet, ein Teil des inklusiveren Ganzen zu werden». Welches Universum dies sein würde und wie es beschaffen wäre, konnte man zwar nicht im voraus wissen, aber es gab ein Vorwarnsystem: «Der Philosoph weiß lediglich, daß er, wenn er einen schlimmen Fehler macht, von dieser Tatsache durch die Schreie der Verwundeten bald in Kenntnis gesetzt wird.» Es gehe dem Philosophen dabei nicht anders als den übrigen Menschen, wenn sie nur «instinktiv gerecht und einfühlend und für die Stimme der Klage empfänglich» seien.

Die Schreie der Verwundeten waren für den Philosophen William James nicht nur die Klagerufe von Menschen, sondern auch die von ethischen Imperativen, die verletzt wurden: «Das Gute, das wir verletzt haben, kehrt wieder, um uns mit einer nicht enden wollenden Fülle von Folgeschäden, von Gewissensbissen und Reue zu plagen.» Die neuen ethischen Ideale warteten nicht nur auf die Schreie der Verwundeten, damit sie ihnen die Richtung wiesen, sondern sie hörten auch auf den Einspruch jener ethischen Gebote, denen die alten ethischen Ideale vielleicht besser Rechnung trugen. Jede neue Moral soll den Kern alter moralischer Ideale bewahren, sie darf ihn nicht verletzen. Auf die «Schreie der Verwundeten» zu hören, für Leid und Klagen anderer empfänglich zu sein, hieß also, daß man seinem moralischen Instinkt folgte und sich nicht die Ohren zuhielt. Mit dieser moralischen Sensibilität soll der Philosoph zwischen ethischen Idealen wählen. Wenn er auf die Schreie der Verwundeten achtete, tat er nichts anderes als Sozialreformer, Politiker oder Schriftsteller, die die Gesellschaft verbessern wollten.

An diesen neuen Typus des philanthropischen Engagements, das sich unabhängig von der Philosophie herausgebildet hatte, sollte der Philosoph sich annähern: «Seine Bücher über Ethik sollen sich, soweit sie auf das moralische Leben eingehen, mehr und mehr mit einer Literatur verbünden, die sich dazu bekennt, daß sie von der Erfahrung ausgeht und eher anregend als dogmatisch ist – ich meine mit Romanen und Dramen einer tieferen Art, mit Predigten, mit Werken über Staatskunst und Philanthropie und über soziale und ökonomische Reformen. Wenn man ethische Abhandlungen in dieser Weise schreibt, können sie ebenso umfassend wie erleuchtend sein. Niemals aber können sie abschließend sein, außer in ihren abstraktesten und vagesten Eigenschaften, und sie müssen sich mehr und mehr von der altmodischen, knappen und angeblich wissenschaftlichen Form verabschieden.» Gemeinsam ist den Werken, die William James erwähnt, daß sie auf gesellschaftliche Reformen abzielen. Auch die Romane und Dramen «tieferer Art», die er anführt, sollten den Sinn für das Leiden schärfen, sie sollten lehren, auf die «Schreie der Verwundeten» zu hören, um Taten der Hilfe vorzubereiten.

Fortschritt zur Solidarität

Im Schlußkapitel seines Buches *Contingency, irony and solidarity* erklärt der amerikanische Philosoph Richard Rorty, daß es moralischen Fortschritt gebe, der zu größerer menschlicher Solidarität führe. Er ist der Ansicht, daß dieser Fortschritt darin besteht, daß immer mehr von dem, was die Menschen in Gestalt von Traditionen, religiösen Überzeugungen und Bräuchen voneinander trennt, für weniger wichtig gehalten wird als die Linderung von Schmerz und die Erniedrigung, die die Menschen über die Grenzen der Kulturen miteinander verbinde. Rorty forderte deshalb, daß es eine Moral geben müsse, die auf der Wahrnehmung von Elend und Leid beruht. Er verband damit die Empfehlung, sich weniger an philosophischen und religiösen Traktaten zu orientieren als an literarischen Werken. Auf dem Weg zu größerer menschlicher Solidarität seien Romane, Bilder oder Ethnographien wichtiger. Die Verlagerung des moralischen Interesses ins Literarische hatte schon William James gefordert. Als einziger Philosoph hatte sich Schopenhauer dieser Bewegung der philanthropischen Moral angeschlossen und sich dabei weit von der herkömmlichen Philosophie entfernt. Auf ihn hätte sich Rorty bei seinem Versuch einer radikalen Reform der Moral berufen können. Auch sein Vorschlag, die Moral durch die Wahrnehmung von Schmerz und Erniedrigung auf eine neue Grundlage zu stellen, hätte sich auf Schopenhauer berufen können, der die kantische Prinzipienwissenschaft in der Moralphilosophie für den falschen Weg hielt. Als die erhofften moralischen Verbesserungen nicht eintraten, begann sich im Laufe des neunzehnten Jahrhunderts das sensiblere moralische Bewußtsein von der Philosophie zu trennen und konzentrierte sich darauf, moralische Gefühle zu wecken und zu stärken und so den Weg für eine Menschheitsmoral frei zu machen. Es gehe darum, so Rorty, die demokratischen Institutionen weiterzuentwickeln und ein kosmopolitisches Bewußtsein zu schaffen.

Die neue moralische Sensibilität rief neue institutionelle Formen der außerstaatlichen Hilfe ins Leben, wie die Heilsarmee oder das Rote Kreuz. Diese Organisationen lagen auf der Linie einer Mitleidsmoral, die Kant scharf zurückgewiesen hatte, da Mitleid und Reue über grausames Tun nicht geeignet seien, Moral und Rationalität zu stärken. Dazu bemerkt Rorty, daß Kant, indem er die vernunftgemäße Achtung über die Gefühle von Mitleid und Wohlwollen stellte, diese Gefühle als fragwürdige, untergeordnete Beweggründe erscheinen ließ.

Die Solidarität mit leidenden und erniedrigten Menschen erhält für Rorty ihre moralphilosophische Bedeutung erst dann, wenn ihre Ausdehnung ins Auge gefaßt wird. Nur wenn sich die Menschen immer mehr zu dieser Einstellung bekennen, könne man von einer Moral sprechen, in der Pflichten keine Rolle spielen. Sie beruht auf der Erwartung, daß sich durch gewisse Entwicklungen der menschlichen Gesellschaft, vor allem durch Austausch und Kommunikation, eine Verhaltensweise, die im engsten Kreis von Verwandten und Bekannten selbstverständlich ist, auf alle Menschen in jeder Distanz überträgt. Eine Moral, die in Nahverhältnissen selbstverständlich ist, soll auf Fernverhältnisse übertragen werden. Aus Stammesverhalten soll Menschheitsmoral werden, aus Nächstenliebe Fernstenliebe. Dieses Modell gewinnt seine Nähe zu moralischen Regelungen nicht durch die residuale Moral, die es aus dem Familien- und Sippenethos bewahrt, sondern durch den Imperativ der Erweiterung, der die Sphäre der primären sozialen Gefühle über ihre natürliche Reichweite hinaus auszudehnen gebietet.

Dieser Imperativ der Erweiterung lautet bei Rorty: «Die Formel, daß wir Verpflichtungen nur gegenüber menschlichen Wesen als solchen haben, soll uns daran gemahnen, daß wir unser Empfinden für unseresgleichen so weit wie möglich ausdehnen.» Dies soll möglich sein, ohne mit einer wesentlichen Gemeinsamkeit, einem gemeinsamen Wesen der Menschen zu rechnen. Die Verpflichtung gegenüber Menschen soll also auch dort bestehen, wo es keine konkrete Gemeinsamkeit zwischen ihnen gibt, also zwischen Angehörigen verschiedener, ja feindlicher Kulturen. Rorty will nicht sehen, daß diese Strategie zu einem ethnozentrischen Moralimperialismus führen könnte. Dies ist aber dadurch möglich, daß die Erweiterung der Moral auf der besonderen Elastizität einer Gruppe beruht, die den Begriff der Menschheit besonders weit zu fassen vermag, ohne daß dafür eine echte Gemeinsamkeit erforderte wäre. Die von Rorty so emphatisch geforderte Erweiterung der Sympathiegefühle könnte die Moral einer Kultur sein, in der die Entwurzelung der familiären Gefühle besonders weit fortgeschritten ist und die diese «Errungenschaft» für andere Kulturen verbindlich machen will: Die Formel der Erweiterung nötige dazu, «in der Richtung weiter zu gehen, die von bestimmten Ereignissen der Vergangenheit vorgezeichnet ist, indem wir die Familie in der benachbarten Höhle, dann den Stamm am anderen Ufer des Flusses, dann den Stammesverband jenseits der Berge und schließlich die Ungläubigen jenseits der Meere (und zuletzt auch die dienstbaren Geister, die die ganze Zeit über für uns die schmutzige Arbeit getan haben), zu ‹uns› zählen. Diesen Prozeß sollten wir in Gang zu halten versuchen.» Durch einen solchen Prozeß schrittweiser, angeblich friedlicher Integration sind freilich die Vereinigten Staaten nicht entstanden, geschweige denn, daß sie die Indianer in dieser Weise integriert hätten. Einen Prozeß fortsetzen zu wollen, der in der Wirklichkeit so nie abgelaufen ist, dürfte kaum eine realistische Strategie sein.

Da Richard Rorty die Wirklichkeit eines gemeinsamen Menschlichen nicht voraussetzt, kann die von ihm ins Auge gefaßte Erweiterung nur ein Als ob sein: so zu handeln, als ob es der Menschheit vorgezeichnet sei, eine umfassende Solidarität zu verwirklichen. Er versucht jedoch, dieser abstrakten Solidarität einen Halt an den demokratischen Institutionen zu geben. Erweiterung der Solidarität ist für ihn das ideelle Pendant zu den Institutionen der liberalen Demokratie, zwar nicht deren Fundament, aber eine sie legitimierende Perspektive. Den Einwand, daß es sich dabei um nichts anderes als eine neue Spielart des Ethnozentrismus handeln könnte, hat Rorty durch den Hinweis zu entkräften versucht, daß es sich allenfalls um einen «liberalen Ethnozentrismus» handelt, den «Ethnozentrismus eines ‹Wir› (‹Wir Liberalen›), das sich selbst ständig zu erweitern und ein immer größeres und abwechslungsreicheres Ethos zu schaffen sucht. Es ist das ‹wir› des Volkes, das in dem Mißtrauen gegen den Ethnozentrismus aufgewachsen ist.» Im Fortgang der Überlegungen wird dieses ‹wir›, das alle umfassen soll, freilich immer elitärer und exklusiver. So könnte der moralische Fortschritt auf die Sicht jener Gruppe beschränkt bleiben, die ihn entwirft und die Erweiterung als moralischen Fortschritt empfindet, während andere, für die sich diese Moral engagiert, sie gar nicht als solche erkennen. Wie die Erniedrigten und Beleidigten diese Moral aufnehmen, hängt dann weniger von der Virtuosität derer ab, die ihre Sympathiegefühle erweitern, als von der ihnen geleisteten Hilfe, deren moralische Motivation sie nicht teilen. Auch wenn sich die reichen Gesellschaften, um ihre Moral der Solidarität unter Beweis zu stellen, in Hilfsagenturen für die Armen und Leidenden verwandeln würden, könnte ihre Moral doch auf sie begrenzt bleiben.

ZUMUTUNGEN UND KRÄNKUNGEN

Charles Darwins Erschrecken

Am 17. Dezember 1832 erreicht die «Beagle» bei ihrer Weltumsegelung Feuerland. In seinem *Journal of Researches* verzeichnet der dreiundzwanzigjährige Charles Darwin, der im Jahr zuvor als Naturforscher angeheuert hatte, einen der erregendsten Augenblicke der fünf Jahre dauernden Reise: «Das Erstaunen», schreibt er, «das ich empfand, als ich zuerst einen Trupp Feuerländer an einer wilden, zerklüfteten Küste sah, werde ich niemals vergessen. Denn sofort schoß mir der Gedanke durch den Kopf: So waren unsere Vorfahren.» Größer konnte der Abstand zwischen Verwandten nicht sein. Denn Verwandte waren es für ihn ohne jeden Zweifel. Seit er zurückdenken konnte, war Darwin von der Einheit der menschlichen Spezies überzeugt. Zum ersten Mal aber wurde ihm klar, was dies bedeutete: «Ich hätte nie glauben können», versucht er sein Erstaunen zu erklären, «wie groß der Unterschied zwischen dem Wilden und dem Zivilisierten sein kann.» Er sei größer als der Abstand zwischen einem wilden und einem gezähmten Tier, auch wenn man berücksichtigen müsse, daß im Menschen eine stärkere Kraft der Verbesserung steckt.

Am nächsten Tag ruderten einige Männer von der «Beagle» zur Küste, um die Feuerländer näher in Augenschein zu nehmen. Sie waren groß und kräftig gebaut, mit langem Haar und gefärbten Gesichtern. Sie hielten sich in einigem Abstand von den Besuchern und beobachteten jede ihrer Bewegungen. Nach einiger Zeit begannen sie einen wilden Tanz aufzuführen. Sie wußten nicht, daß zwei Männer ihnen zuschauten, die ebenfalls Feuerländer waren, die ihre Heimat verlassen hatten und nach London gebracht worden waren. Dort hatten sie innerhalb eines Jahres die englische Sprache gelernt und zivilisierte Sitten angenommen. Zum ersten Mal begegneten sie jetzt ihren Verwandten wieder. Besser konnte nicht bewiesen werden, daß der Abstand zwischen Wilden und Zivilisierten durch eigene Anstrengung fast mühelos überwunden werden konnte. Aber wie tief ging dieser Wandel? Einer der beiden Feuerländer von der «Beagle» erwog, nachdem man näheren Kontakt zu den Wilden aufgenommen hatte, sich seinen Verwandten wieder anzuschließen. Die zivilisierten Feuerländer hätten Darwins Erschrecken durchaus beschwichtigen können. Sie bewiesen die Plastizität der menschlichen Natur und daß die Zivilisation den Abstand erstaunlich rasch zu verkleinern vermochte. Stärker als dieser Gedanke wirkte jedoch der bloße Anblick von Menschen auf dem niedrigsten und primitivsten Entwicklungsstand. Darwin glaubte in den Abgrund der eigenen Herkunft zu blicken.

Woher die Menschen kamen, war rätselhafter als wohin sie gingen. In den Anfängen verschwand die Würde des Menschen. In Feuerland nahm Darwin Maß, wie groß die Distanzen waren, die überbrückt werden mußten, um die menschliche Spezies als Einheit zu begreifen.

Eine nicht weniger große Erschütterung hatte er schon am Anfang der Expedition mit der «Beagle» in Bahia in Salvador erlebt, als er zum ersten Mal mit eigenen Augen eine Sklavengesellschaft sah. Er hielt die Sklaverei für einen «Skandal der christlichen Nationen». In seinem Tagebuch in Bahia erregte er sich nicht nur über den Umfang dieses Handels und die Entschlossenheit, mit der er verteidigt wurde, sondern auch darüber, daß die achtbaren Männer, die damit zu tun hatten, zu Hause in England überhaupt nicht auffielen. In den Diskussionen, die auf der «Beagle» über dieses Thema geführt wurden, wurde von den Befürwortern der Sklaverei auch das Argument vorgebracht, daß es den meisten Sklaven in der Unfreiheit viel besser gehe als in der Freiheit, denn ihr Wohlergehen liege ja im eigenen Interesse ihrer Herren. Darwin wandte ein, daß, wenn dies zuträfe, die gut behandelten Sklaven nicht den Wunsch haben würden, in ihre Heimat zurückzukehren. Und er zitierte einen Sklaven mit den Worten: «Wenn ich nur meinen Vater und meine beiden Schwestern noch einmal sehen könnte, wäre ich glücklich. Ich kann sie niemals vergessen.» In demselben Abschnitt seines Tagebuchs bezeichnet er die Engländer als «zivilisierte Wilde», die die Sklaven nicht als ihre Brüder anzuerkennen bereit waren.

Während Darwin die meisten Vorurteile seiner Zeitgenossen teilte und die sozialen Mißstände der viktorianischen Gesellschaft nie kritisiert hat, trat er öffentlich für die Abschaffung der Sklaverei ein. Sie stieß ihn nicht deswegen ab, weil sie Unfreiheit und Unterwerfung war, sondern weil sie einen Teil der Menschheit in Dinge verwandelte und damit die Einheit des Menschengeschlechts zerstörte. In seinem Buch *The Descent of Man* von 1871 begründete er dies damit, daß die Rassenunterschiede bedeutungslos seien, weil sie nicht das Resultat eines langen Prozesses der natürlichen Auslese seien. Während des Amerikanischen Bürgerkriegs protestierte er als Ehrenmitglied der «Ethnological Society» und gemeinsam mit Huxley, Lubbock, Galton und Wallace öffentlich gegen die Sklaverei. Die Leidenschaft seines Engagements geht freilich nur aus privaten Äußerungen hervor, vor allem aus den Briefen, die er während des Bürgerkriegs an seinen amerikanischen Anhänger Asa Gray schrieb: «Ich habe nicht eine einzige Seele gehört oder gesehen, die nicht mit dem Norden ist. Einige wenige, und ich bin einer davon, flehen sogar zu Gott, daß der Norden, auch für den Verlust von Millionen von Leben, einen Kreuzzug gegen Sklaverei ausrufen möge. Auf lange Sicht würde sich eine Million greulicher Tode im Interesse der Humanität vielfach auszahlen ... Großer Gott, wie gerne sähe ich diesen größten Fluch auf Erden, die Sklaverei, beseitigt.» Es war wohl das einzige Mal, daß Darwin mit so großer Inbrunst Gott anrief. Nicht weniger ungewöhnlich ist das Ausmaß der Grausamkeit, das er im Interesse der Verbesserung der Menschheit in Kauf zu nehmen bereit war. Am Ende des Bürgerkrieges atmete er auf: «Ich kann die großartige, die herrliche Tatsache noch immer nicht begreifen, daß die Sklaverei in Ihrem Land zu Ende ist.»

Für einen so entschiedenen Gegner der Sklaverei, der die Sklaverei als Verletzung des Naturgesetzes ansah, muß es ein ungeheurer Schock gewesen sein, als er entdeckte, daß es sie auch in der Natur gab – bei den Ameisen. Jeder, meinte er, sei entschuldigt, «wenn er die Existenz des so außergewöhnlichen und abscheulichen Instinkts, Sklaven zu machen, anzweifelt». Er befürchtete, daß diese Erscheinungen dazu führen könnten, die Sklaverei in einem Kontinuum von Natur und Kultur zu sehen und sie so zu rechtfertigen. Darwin hat seine Entdeckung auf sich beruhen lassen, ohne freilich, wie Janet Browne bemerkt hat, den naheliegenden Ausweg zu wählen, bei den Ameisen nicht von Sklaverei, sondern beispielsweise von Symbiose oder Kooperation zu sprechen.

Schlachtbank des Lebens

Als Darwin 1859 sein Buch über die Entstehung der Arten, *The Origin of species*, veröffentlicht hatte, tat er alles, um das religiöse Empfinden nicht zu verletzen. Dies war nicht nur eine vorsichtige Strategie, um der Wirkung seines Buches nicht zu schaden, sondern beruhte auch auf eigenen Empfindlichkeiten. Seine Aufzeichnungen aus den Jahren vor der Publikation seines Buches zeigen, in eine wie tiefe Krise das neue Bild vom Leben den ehemaligen Theologiestudenten stürzte. Er spricht von «Hekatomben von Lebewesen», die der Natur geopfert werden. Die Natur erscheint ihm als so verschwenderisch wie liederlich, sie arbeitete mit ungeheuren Überschüssen, die sie zugleich bedenkenlos verrotten ließ. Das Leben war von äußerster Niedrigkeit. Die Zeitgenossen konnten sich an den Dreck in den Slums erinnert fühlen. Gemessen an der

Erhabenheit des Lebens, von der auch die Wissenschaft bis dahin gesprochen hatte, war es ein Absturz in die Gemeinheit. Wie sollte in diesem Chaos von Gemeinheit der Mensch einen anderen als einen gemeinen Auftritt haben? Darwin war schockiert von dem, was ihm der Blick in die Werkstatt des Lebens zeigte, zum Beispiel, daß die Quallen das Sperma mit dem Wasser durch den Mund aufnehmen. «Die Obszönität des Vorgangs», bemerkte er sarkastisch, «spricht bis zu einem gewissen Grad für seine Wahrscheinlichkeit.» So sahen die «häßlichen Tatsachen» des Lebens aus, die von der neuen Wissenschaft ans Licht gezogen wurden, sie veranlaßten Darwin zu dem verzweifelten Ausruf: « Was für ein Buch könnte ein Kaplan des Teufels über das plumpe, verschwenderische, stümperhaft niedrige und entsetzlich grausame Wirken der Natur schreiben!»

Das Bild, das der Mensch von sich selbst gezeichnet hatte, war nicht zu retten. An Charles Lyell schreibt Darwin am 10. Januar 1760: «Unser Ahne war ein Tier, das im Wasser atmete, eine Schwimmblase hatte, eine große Schwimmflosse, einen unvollkommenen Schädel und war zweifellos Hermaphrodit. Welch eine erfreuliche Genealogie für den Menschen.» Er bedauerte, daß er für die Würde des Menschen keine erfreulichen Aussichten bieten konnte, und tröstete sich damit, wie er am 4. Mai 1860 an Charles Lyell schreibt: «Ich bin schon damit zufrieden, daß der Mensch wahrscheinlich voranschreiten wird, und es kümmert mich wenig, ob wir in einer ferneren Zukunft bloß als Wilde angesehen werden.» Mehr Trost war dem Menschen allerdings nicht zu spenden. Die Teleologie, die alles auf den Menschen ausgerichtet hatte, war nicht mehr zu halten, aber sie ließ sich leicht verschmerzen, denn die

Annahme, daß der Schöpfer den verrückten Vorstellungen der Menschen entgegenkomme, hatte etwas Kindisches. Die ganze theologische Denkweise, schreibt Darwin am 26. November 1860 in einem großen Bekenntnisbrief an Asa Gray, verwirre und schmerze ihn, denn er habe nie die Absicht gehabt, «atheistisch zu schreiben», aber bei allem guten Willen könne er keine Beweise für einen Plan erkennen: «Mit scheint zu viel Elend in der Welt zu sein. Ich kann mich nicht überreden, daß ein guter und allmächtiger Gott absichtlich die Ichneumonidae geschaffen haben kann in der ausdrücklichen Absicht, daß sie sich in lebenden Leibern von Schmetterlingen nähren oder daß eine Katze mit Mäusen spielt.»

Die Art und Weise, wie die Natur mit dem Lebendigen umsprang, war so abstoßend, daß man sie nicht für die Schöpfung Gottes halten konnte. Darwin ging sogar so weit, Gott die Schöpfung nicht zumuten zu wollen. Auf der anderen Seite wollte er «dieses wunderbare Universum und besonders die Natur des Menschen» nicht für ein «Ergebnis roher Gewalt» halten, eher noch für ein «Ergebnis planvoller Gesetze», wobei die Einzelheiten dem Zufall überlassen blieben. Noch weniger aber sei vorstellbar, «daß ein Mensch oder ein anderes Lebewesen durch andere Gesetze hervorgebracht sein sollte, und daß alle diese Gesetze von einem allwissenden Schöpfer entworfen wurden, der jedes zukünftige Ereignis und jede Folge vorausgesehen hat.» Seine Verwirrung und Ratlosigkeit drückte Darwin schließlich in dem berühmten Satz aus: «Genau so gut könnte ein Hund über den Geist Newtons spekulieren.» Die Zumutungen, die das neue Bild des Lebens enthielt, waren ungeheuer. Von einem «großen Schlachthaus der sich bekriegenden Welt» hatte schon sein Großvater Erasmus Darwin gesprochen. Diese häßliche und grausame Seite der Natur hätte Darwin gerne zum Verschwinden gebracht, er wollte sie am liebsten von sich abwaschen: «Mein Gott, wie sehne ich mich danach, meine Hände reinwaschen zu können.» Die Erforschung des Lebens gab keinen Anhaltspunkt für eine tröstliche Sicht auf den Menschen. Aber so sprach er nur zu sich selbst oder zu engen Vertrauten, nichts von den grausamen Einzelheiten seines Bildes vom Leben sollte in die Öffentlichkeit gelangen.

Die Affenfrage

Die Öffentlichkeit hatte sich längst einiger beunruhigender Fragen angenommen, zu denen Darwin sich nicht äußern wollte. Vor allem war es die Frage der Abstammung des Menschen, die «Affenfrage». Seit den dreißiger Jahren gab es eine populäre, demagogisch ausgeschlachtete Entwicklungslehre, die von radikalen politischen Gruppen in die Debatte geworfen wurde. Man klagte den sozialen Fortschritt ein und gefiel sich darin, den Menschen herabzusetzen. Die Vornehmen und Reichen hatten eine größere Fallhöhe als die Armen, die mit dem Ruf «Der Mensch ist nichts!» in die Schlacht zogen. Diese sozialen und politischen Affekte, Hochmut ebenso wie Angst, konzentrierten sich in der Affenfrage. Ein Höhepunkt der Debatte war der Kongreß der British Association for the Advancement of Science, der am 30. Juni 1860 in Oxford stattfand, für das viktorianische England die wichtigste Schlacht des Jahrhunderts nach Waterloo. Im zoologischen Museum drängten sich siebenhundert Zuhörer. Sie erwarteten eine Redeschlacht über Darwins soeben erschienenes Buch *The Origin of Species*. Der Begriff «Darwinismus» war erst wenige Wochen alt, der fünfunddreißigjährige Biologe Thomas Henry Huxley hatte ihn im Aprilheft des liberalen «Westminster Review» zum ersten Mal verwendet. In einer Rezension von Darwins Buch verhieß er die Herrschaft der Wissenschaft über «Regionen des Denkens», «in die sie bisher kaum vorgedrungen» sei, und nannte das Buch ein «Gewehr im Arsenal des Liberalismus». Um biologische Detailfragen scheint es in dem Wirbel, den es auslöste, am wenigsten gegangen zu sein. So wurde die Oxforder Versammlung nicht wegen der wissenschaftlichen Diskussion, die dort geführt wurde, zu einer Legende, sondern durch den rhetorischen Schlagabtausch zwischen Bischof Wilberforce und der «jungen Garde», von der sich Darwin bei dieser Gelegenheit vertreten ließ. Nachdem die Schlacht vorüber war, meinte Darwin zu Huxley, daß er lieber gestorben wäre, als dem Bischof in einer solchen Versammlung zu antworten.

In der Diskussion hatte sich der Bischof an Huxley mit der Frage gewandt, ob er von der Seite seines Großvaters oder seiner Großmutter vom Affen abstamme. Nach dem Bericht, mit dem Huxley fünfundzwanzig Jahre später den darwinistischen Gründungsmythos schuf, hatte er zunächst geantwortet, daß er «nicht erkennen könne, welchen Unterschied es für meine moralische Verantwortung machen würde, wenn ich tatsächlich einen Affen zum Großvater hätte...» Kurz darauf will er seine Antwort noch einmal verändert haben: «Wenn mir also die Frage gestellt würde, ob ich lieber einen Affen zum Großvater hätte oder einen von Natur recht begabten Mann mit großen

Mitteln und Einfluß, der aber diese Gaben und diesen Einfluß nur gebraucht, um eine ernste wissenschaftliche Diskussion ins Lächerliche zu ziehen, dann würde ich nicht zögern zu erklären, daß ich den Affen vorziehen würde. Daraufhin brachen die Leute in nicht enden wollendes Gelächter aus.» Dieser Lacherfolg soll der Durchbruch für den Darwinismus gewesen sein, so jedenfalls will es die von Huxley geschaffene Legende. Zeitgenössische Berichte von Teilnehmern der Oxforder Versammlung wissen jedoch nichts von einem Sieg der Darwinanhänger. Wahrscheinlich hatte Bischof Wilberforce damals den rhetorischen Sieg errungen.

Kurz vor der Oxforder Versammlung hatte Huxley einen Vortrag über Darwins Theorie der Arten und Rassen und ihre Entstehung gehalten. Er rühmte sein Buch als Vorboten einer «neuen Reformation». Welche Rolle, fragte er, werde England in dieser Revolution des Denkens spielen, und antwortete: «Das hängt davon ab, wie Sie, die Öffentlichkeit, mit der Wissenschaft umgehen. Halten Sie sie in Ehren, wenden sie getreulich ihre Methoden auf alle Zweige des menschlichen Denkens an, dann wird die Zukunft dieses Volkes größer sein als seine Vergangenheit. Hören Sie dagegen auf diejenigen, die Sie zum Schweigen bringen und vernichten wollen, dann fürchte ich, daß unsere Kinder es erleben werden, wie Englands Ruhm sich gleich König Artus in Luft auflöst.» Das war die Rhetorik eines Wissenschaftlers neuen Stils, der von der Öffentlichkeit das Mandat für eine Anwendung ihrer Methoden auf alle Probleme erwartete. Huxley sah seine Lebensaufgabe darin, für dieses Expertenwissen einzutreten. In diesem Projekt war sein Schicksal unlösbar mit dem Darwins verflochten. Er besaß die Energie des Außenseiters und die bilderstürmerische Mentalität, die Darwin fehlten. Vor allem wollte es der «Einsiedler von Downe» mit dem kirchlichen, gesellschaftlichen und wissenschaftlichen Establishment nicht verderben. Er war aber zum Mentor einer Gruppe von zornigen jungen Männern geworden, denen es um eine «Liberalisierung» der Biologie ging. Als sie um die Mitte der fünfziger Jahre mit Darwin in Verbindung traten, konnten sie nicht wissen, daß die für ihre Kampagne geeignete Theorie von ihm kommen würde. Darwin dagegen dürfte sich die junge Garde mit Vorbedacht gesucht haben, verfügte er doch seit Ende der dreißiger Jahre über den Grundgedanken seiner Theorie, den Mechanismus von Auslese und Anpassung, und ahnte, daß er eines Tages einen beweglichen Kopf wie Huxley brauchen würde, um ihn in der Öffentlichkeit zu verteidigen.

Diskussion über den Menschen

An Darwins Theorie schloß sich eine Bewegung an, die weit über die Biologie hinausreichte. Die hitzigen Diskussionen über ihre theologischen und sozialen Aspekte überschritten die von ihm gezogenen Grenzen. Es war nicht zu übersehen, daß die öffentliche Debatte dies nicht respektierte. Was die Theorie an Verblendung und Vorurteilen hinter sich gelassen hatte, wuchs durch neue Vorurteile des populären Darwinismus nach. Auf wie wackeligen Füßen Darwins Triumph stand, zeigte sich auch an den heftigen Streitigkeiten zwischen Naturforschern, Theologen und Sozialreformern. Darwin selbst wich ihnen aus und überließ dieses Feld seiner jungen Garde. Er versenkte sich, wie seine Biographen Desmond und Morris schreiben, «als Philosoph, umgeben von Orchideen, fleischfressenden Pflanzen und endlosen Reihen von Samenproben und Geflügelknochen» in seine Arbeit, während draußen die Schlacht zwischen Verteidigern des Schöpfungsglaubens und Darwins Anhängern tobte. Sie schlugen sich für eine von theologischen Erwägungen gereinigte Wissenschaft und um die Stellung des Menschen in der Natur. Darwin hatte sich davor gehütet, diese Diskussion zu entfachen. Nur in einem einzigen Satz seines Buches hatte er darauf hingewiesen, daß das Panorama der Arten und ihrer Entwicklung den Menschen nicht unberührt lassen würde: «Licht wird fallen», war da zu lesen, «auf den Ursprung des Menschen und auf seine Geschichte.» Seine Vorsicht blieb aber ohne Wirkung. Als enthielte sein kryptischer Satz nicht so sehr eine wissenschaftliche Verheißung, sondern eine Drohung, brach nun eine Schlacht los, bei der es nicht abzusehen war, wer siegen würde. Zwanzig Jahre sollte es dauern, bis Darwin sich in seinem Buch über die Abstammung des Menschen zu diesem strittigen Thema äußerte. Aber da war die «große Diskussion über den Menschen» schon erlahmt.

Während die sozialen Anwendungen der Evolutionstheorie die Gemüter erregten, quälte sich Darwin mit der Frage, ob er sich mit dem Schlüsselbegriff der «natürlichen Auslese» überhaupt verständlich gemacht hatte. Wurde überhaupt verstanden, was damit gemeint war? Darwins erster deutscher Übersetzer, Heinrich Georg Bronn in Heidelberg, dessen Übersetzung von *The Origin of species* schon im Sommer 1860 erschien, gab den Begriff mit «Wahl der Lebensweise» oder mit «natürliche Züchtung» wieder, was Darwin zweifeln ließ, ob er sich selbst klar ausgedrückt hatte. Er spielte mit dem Gedanken, den Begriff fallen zu lassen, obwohl es dafür schon zu spät war. Im Briefwechsel mit Charles Lyell brachte er als Alternative «natural preservation», natürliche Erhaltung, ins Spiel. Aber aus Darwins Handschrift las Lyell «natural persecution» heraus, natürliche Verfolgung. Alles schien sich gegen das richtige Verständnis zu sperren.

Darwins Briefe des Jahres 1860 zeigen sein verzweifeltes Bemühen, um Verständnis für seine Theorie zu werben. Auf jede auch nur zögernde Zustimmung antwortete er dankbar und gelegentlich mit der Versicherung, daß jeder, der nur ein Stück Weges mit ihm gehe, am Ende den ganzen Weg zurücklegen werde. In diesen Monaten brachte er auch einen Zeitfaktor für die Rezeption seiner Theorie ins Spiel. Sie hatte ungeheure Zeiträume für die Evolution erschlossen. Nun gab es offenbar einen erheblichen Zeitbedarf auch für das Verständnis der neuen Wissenschaft. Es zeigt sich eine schwer zu überbrückende Kluft zwischen der theoretischen Einsicht und ihrer Aneignung. Darwin räsonierte über die physische Unfähigkeit der Menschen, jenseits eines gewissen Alters unter einem neuen Gesichtspunkt auf die Tatsachen zu blicken. Das menschliche Erkenntnisorgan war seiner Nische so genau angepaßt wie ein spezialisiertes Organ. Nur eine neue Generation, meinte er, könne sich das Neue aneignen. Doch dies war ein unzulänglicher Trost, den er sich selbst spendete. In düsteren Augenblicken stellte sich schmerzhaft Klarheit ein: «Was den Fortschritt der Ansichten angeht, so sehe ich deutlich, daß er ungeheuer langsam sein wird, fast so langsam wie die Abänderung der Arten. In der Tat wird er, glaube ich, unmerklich sein.» So ungemütlich diese Ansicht auch sein mochte, wenigstens setzte sie Darwins Mißtrauen gegen den Fortschritt ins Recht.

Mit den ungeheuren Dimensionen, mit denen seine Theorie zu rechnen lehrte, war auch eine neue Rechnung von Verlust und Gewinn der Erkenntnis aufgemacht. In dem Maße, wie sie den Menschen aus dem Zentrum der Schöpfung rückte und die teleologische Orientierung auf ihn zu etwas Unernstem und Kindischem machte, traten nicht etwa neue tröstliche Gewißheiten ans Licht, sondern es zeigte sich ein ungeahnter Zuwachs an Nichtwissen. Darwins Formel dafür lautete: «Wir ahnen nicht einmal, wie wenig wir wissen.» Dem ungeheuren Gegenstand, so schien es ihm, während sich draußen der Sieg seiner Lehre abzuzeichnen begann, war der menschliche Intellekt nicht gewachsen. Der Mensch brauche Zeit, viel Zeit – «Zeit, Zeit wirkt auf wunderbare Weise» –, wenn er sich im Zusammenhang der Natur verstehen und vielleicht in Zukunft etwas von der Würde erringen wollte, die er zu Unrecht und zu früh für sich in Anspruch genommen hatte. Sein Vorfahr war ihm zum Ärgernis geworden, und seine späten Nachfahren würden vielleicht auf ihn als auf einen Barbaren herabsehen.

In seinem Spätwerk *The Descent of man* hat Darwin den Pessimismus hinsichtlich der Zukunft des Menschen vorsichtig abgemildert. Dort heißt es: «Wenn der Mensch in der Kultur fortschreitet und kleine Stämme sich zu größeren Gemeinwesen vereinigen, so führt die einfachste Überlegung jeden einzelnen schließlich zu der Überzeugung, daß er seine sozialen Instinkte und Sympathien auf alle, also auch auf die ihm persönlich unbekannten Glieder desselben Volkes auszudehnen habe. Wenn er einmal an diesen Punkt gelangt ist, kann ihn nur noch eine künstliche

Schranke hindern, seine Sympathien auf die Menschen aller Nationen und Rassen auszudehnen.» War dies eine wissenschaftlich fundierte Erwartung oder eine kulturelle Illusion? Darwin verschwieg nicht den Preis, der für die Durchsetzung dieses erweiterten Ethos gezahlt werden mußte. Er war nämlich der Überzeugung, daß die «zivilisierten Rassen», die den Prozeß der Integration der Menschheit anführten, ihn auf Kosten der «wilden Rassen» vollenden würden. Dies forderte der Daseinskampf, der mittlerweile durch die zivilisierte Menschheit entschieden war. Die «zivilisierten Rassen» waren so gut wie unbesiegbar geworden, so daß Darwin die Prognose wagte: «In irgend einer zukünftigen Zeit, die nach Jahrhunderten gemessen nicht einmal fern ist, werden die zivilisierten Rassen der Menschheit fast mit Bestimmtheit die wilden Rassen ausgerottet und verdrängt haben.» Auch Alfred Wallace, der gleichzeitig mit Darwin den Mechanismus der Auslese entdeckt hatte, war davon überzeugt, daß der Daseinskampf zur «unvermeidlichen Auslöschung aller niederen und geistig unentwickelten Völker» führen werde, sobald sie mit Europäern in Berührung gekommen waren.

Nachdem Darwins Theorie das Schöpfungsprivileg des Menschen beseitigt hatte, schien nun innerhalb der Menschheit ein neues Privileg zu entstehen, das Privileg der zivilisierten Rassen, die zu den Gewinnern der Evolution gehören sollten. Die aus dem Naturprozeß eliminierten Rangunterschiede kehrten in der Zivilisation zurück. Alles lief auf ein Vorrecht des Menschen hinaus, der mit seinem Erfolg in der Artenkonkurrenz belohnt wurde. Was die Evolutionstheorie dem Menschen genommen hatte, schien sie ihm als erworbene Überlegenheit zurückzuerstatten. Darwins Überzeugung vom Erfolg der zivilisierten Rassen auf Kosten der wilden Rassen war auch ein spätes Einlenken beim Fortschrittsglauben der Zeit. Ihm hatte er bis dahin immer mißtraut und davor gewarnt, sich der Unterscheidung von höheren und niederen Stufen der Entwicklung und der Geschichte zu bedienen: «Sage niemals höher oder niedriger», war ein Grundsatz seiner Forschung. Doch der Fortschrittsgedanke war im Bewußtsein der Zeit so tief verankert, daß Darwins Theorie gegen seine Absicht mit ihm in Verbindung gebracht wurde und er selbst schließlich dem Druck dieses Zeitgedankens nachgab.

Auch hier war Darwin kein Darwinist, zumindest nicht bis zur Veröffentlichung seines Buches über die Abstammung des Menschen, in dem er erklärte: «Nach langem Nachdenken kann ich der Überzeugung nicht ausweichen, daß es eine fortschreitende Entwicklung gibt.» In demselben Buch, in dem er eine Theorie der Einheit des Menschengeschlechts vortrug und nachwies, daß die Unterschiede der Rassen für die Evolution bedeutungslos waren, räumte er einen Fortschritt in der Entwicklung der zivilisierten Rassen ein. Während er für die natürliche Auslese nur lokale Anpassungen angenommen hatte, behauptete er nun für die Entwicklung der geistigen und körperlichen Verfassung der Menschen einen Fortschritt auf lange Sicht und in globalen Dimensionen. Das Schicksal der Völker, die an diesem zivilisatorischen Fortschritt nicht teilnahmen, mußte als besiegelt erscheinen.

Ein Züchtungsexperiment

Thomas Henry Huxley wurde «Darwins Rottweiler» genannt. Diesen Titel verdiente er sich durch seine streitbare Durchsetzung der Lehre Darwins in der Öffentlichkeit. Man hat immer wieder daran gezweifelt, ob er die Subtilitäten der Theorie Darwins erfaßte, aber ihre strategische Bedeutung dürfte er als erster begriffen haben. Energisch setzte er Darwins Theorie in ein Verhältnis zur Ethik. Als George Edward Moore am Anfang des zwanzigsten Jahrhunderts den «naturalistischen Fehlschluß», den Schluß von einem Sein auf ein Sollen, mit einem Bann belegte, wollte er nicht zuletzt den Übergriff der darwinistischen Theorie auf die Ethik unterbinden.

In seinem Buch *Evolution and Ethics* von 1894 schilderte Huxley ein Universum, in dem alles sich ständig verändert und einem durchgreifenden Wandel unterworfen ist. «In der Welt des Lebendigen», schreibt er, «ist eine der charakteristischen Formen dieses kosmischen Prozesses der Kampf ums Dasein, der Wettstreit von jedem mit allen.» Sein Ergebnis sei die Auslese, also das Überleben jener Formen, die, aufs Ganze gesehen, am besten an die vorherrschenden Bedingungen angepaßt und insofern die Tüchtigsten sind. Die Tautologie, daß das Überleben sich durchs Überleben beweist, zeigte an, daß das Überleben wichtiger war als das Leben, daß das Gattungsleben mehr wert war als das einzelne Leben. Daß der Mensch Teil des von Huxley geschilderten kosmischen Prozesses unbegrenzten Wandels war, führte zu einer radikal verzeitlichten Sicht der Menschenwelt. So künstlich die von Menschen hervorgebrachte Welt auch sein mochte, in letzter Instanz waren alle Dinge, die in ihr entstanden, nur Mittel, mit denen sich der kosmische Prozeß hinter dem Rücken der Menschen durchsetzte: «Was ist der Daseinskampf», fragt Huxley, «im Naturzustand anderes als der Antagonismus der Resultate des kosmischen Prozesses im Bereich des Lebens?» Der Gegensatz von Natürlich und Künstlich wurde von ihm umfaßt. Auch wenn die menschliche Kultur den Naturprozeß, den Kampf ums Dasein, für die Kultur suspendierte, war auch dies auf lange Sicht wieder nur ein Ausdruck des kosmischen Gesetzes. Gesellschaften waren für Huxley Mittel zur Einschränkung des Daseinskampfes, doch sie mußten die organischen Bedürfnisse befriedigen, durch die sie am Naturprozeß teilhatten.

Trotzdem erkannte Huxley ein begrenztes Eigenrecht der Ethik an: «Wir denken schließlich im erworbenen Dialekt der Moral.» Aber auch hier war die «Hochsprache», in der die entscheidenden Tatsachen formuliert werden, die Sprache der Evolution. Obwohl man von der Entwicklung der Ethik und von den Fortschritten der Moral sprechen konnte, änderte dies nichts daran, daß sie im Strom des Naturprozesses bestenfalls eine Insel waren, die sich eine Zeitlang halten kann, aber eines Tages überflutet wird. Denn jeder Versuch, den Daseinskampf in der Gesellschaft aufzuhalten, mußte in Kauf nehmen, daß die Folgen der Auslese ausblieben. Was man in der Gesellschaft als Daseinskampf bezeichnete, war für Huxley allenfalls der Wettbewerb um die «Mittel des Vergnügens», der mit «Energie, Fleiß, intellektuellen Fähigkeiten, Zielstrebigkeit und mit so viel Sympathie, wie nötig ist, ausgetragen wird, damit ein Mensch die Gefühle seiner Mitmenschen versteht.» Dieser Wettbewerb hatte jedoch keine wirkliche Ähnlichkeit mit der biologischen Konkurrenz. Denn er konnte dem Naturprozeß ebensowenig Grenzen setzen wie die Tatsache, daß in der Gesellschaft eine Situation eintreten kann, durch die der Prozeß der natürlichen Auslese wieder denkbar würde. Dies zu verhindern sei Aufgabe von guter Politik, von Askese und Verzicht.

Die Mittel der Selbstbehauptung, die in der Natur zum Erfolg führen, erklärte Huxley, hätten in der Kultur die Selbstzerstörung der Gesellschaft zur Folge. Um dies zu beweisen schildert er ein Gedankenexperiment. Ein «saviour of society», ein Retter der Gesellschaft, strebt die Hinzüchtung auf ein menschheitliches Ideal an. Nicht ethische Gebote standen diesem Vorhaben im Weg, sondern ein rationales Hindernis. Das Experiment müsse notwendig scheitern, erklärt Huxley, weil man unmöglich ermitteln könne, welche Individuen eines Tages die tüchtigsten sein werden: «Ich zweifle auch, ob der scharfsinnigste Charakterbeurteiler, wenn er hundert Jungen und Mädchen unter vierzehn Jahren vor sich hätte, mit der mindesten Aussicht auf Erfolg diejenigen auswählen könnte, die man in der Gewißheit, daß sie nützliche Glieder der Gesellschaft werden, erhalten sollte, und auf der anderen Seite diejenigen chloroformieren, bei denen man ebenso sicher wäre, daß sie dumm, faul oder lasterhaft sein werden.» Ohne jedes ethische Bedenken macht Huxley die Beurteilung des Experiments nur davon abhängig, ob es gelingen könne oder nicht. Daß das Leben der Gattung wichtiger war als das Leben der Individuen, war die selbstverständliche Überzeugung, die hinter diesem Experiment stand. Wer sich nur an der Natur orientieren würde, könnte dieses Experiment, wenn es sich denn erfolgreich durchführen ließe, ohne Rücksicht auf das individuelle Leben zum Ende bringen.

Flucht in die Kultur

Darwins Theorie der Evolution hatte den Gedanken der Vererbung erworbener Eigenschaften aus der Biologie ausgetrieben. Sie lehrte, alle Erwartungen aufzugeben, daß die Natur eine Wohltäterin für den Menschen war, sie sorgte ausschließlich für die Erhaltung der Arten, nicht der Individuen, die im Prozeß der Evolution verbraucht wurden. Damit war die Kontinuität zwischen Natur und Kultur zerrissen, die jedoch für die kulturelle Vorstellungswelt eine unverändert große Bedeutung behielt. Die tröstliche Lehre Lamarcks lebte in der Kultur fort. Seine Lehre von der Vererbung erworbener Eigenschaften war tröstlich, weil sie die Herrschaft blinder Vergeblichkeit einschränkte, ohne zu den teleologischen Deutungen der Natur zurückzukehren. Wenn man damit rechnen kann, daß erworbene Eigenschaften an die Nachkommen weitergegeben werden, dann sind die von den Individuen unternommenen Anstrengungen, neue Bedürfnisse zu befriedigen, nicht vergeblich gewesen. Sie kommen der nächsten Generation zugute. Darauf beruht die auch nach Darwin noch anhaltende Faszination der Lehre Lamarcks, denn sie zeigte den Weg, wie Chaos zu Ordnung werden konnte. Der Mensch verwandelt die Zufälligkeiten seiner Existenz in ein verläßliches Erbe für seine Nachkommen. Die kulturellen Anstrengungen, die das Leben der Individuen ausmachen, sind also nicht vergeblich. Viele Biologen nach Darwin suchten deswegen einen Kompromiß, indem sie die Natur darwinistisch erklärten, die Kultur aber lamarckistisch. Auch Freud, der Darwin bewunderte, blieb zeitlebens Lamarckist, denn in den Fragen, die ihn interessierten, überlagerten sich Natur und Kultur. Doch in dem Maße, wie seine Einschätzung der menschlichen Kulturleistungen pessimistischer wurde, schwächte sich auch sein Lamarckismus ab, jedenfalls in seiner naiven Form der kontinuierlichen Weitergabe des Erworbenen.

Nachdem die Vorstellung einer wohltätigen Natur ins Reich der frommen Legenden verbannt war, sollten die Menschen wenigstens in der Kultur für ihre Anstrengungen belohnt werden. Diese Leistung der Kultur ließ sich an die Natur anschließen, sie sollte die Menschen für das entschädigen, was ihnen von der Natur, von der sie Zuwendung erhofft hatten, vorenthalten wurde. Von ihrem ursprünglichen Anwendungsgebiet gelöst und in der Biologie längst widerlegt, beschrieb die Lehre Lamarcks sehr prägnant, wodurch sich die kulturelle Entwicklung von der biologischen Evolution unterschied. Die Kultur entwikkelte sich durch die Weitergabe ihrer Errungenschaften an die nächsten Generationen, und so entstand die Kontinuität, ohne die es keine Tradition geben konnte. Die Widerlegung der Lehre Lamarcks in der Biologie hatte unbeabsichtigt die Folge, daß sie für die Kultur, mit umso größerem Nachdruck vertreten wurde. Der Biologe Peter Medawar, der die Unzulänglichkeit des Darwinismus für die Erklärung der kulturellen Entwicklung einräumte, wollte die Biologie jedoch nicht grundsätzlich für unzuständig für die Kultur erklären. Deswegen sah er sich in der

Biologie vor Darwin nach Modellen für den Kulturmechanismus um und stieß auf die Lehren Lamarcks: «Kulturelle Erbschaft unterscheidet sich grundsätzlich von biologischer Vererbung, indem sie lamarckisch verfährt, also dadurch, daß das, was von einer Generation gelernt wird, Teil des Erbes der nächsten Generation werden kann.» In der Biologie, meinte er, sei mit Lamarcks Gedanken nichts auszurichten, wohl aber in der Kultur. Der Anthropologe Adam Kuper hat die dadurch entstandene Lage so charakterisiert: «Lamarck hatte – zufällig – recht, freilich hinsichtlich der Kultur. Mit dieser Ansicht verträgt es sich gut, daß die großen Gesellschaftstheoretiker des neunzehnten Jahrhunderts – Marx, Spencer und Freud – trotz ihrer Parteinahme für Darwin doch allesamt Lamarckianer waren. Erst als der Lamarckismus im zwanzigsten Jahrhundert in der Biologie als völlig indiskutabel galt, wurde solche Inkonsequenz unmöglich.»

Die Theorie Lamarcks war also auf dem Gebiet, für das sie entworfen worden war, als Theorie genetischer Erbschaft falsch, während sie die Art der Vererbung kultureller Errungenschaften richtig beschrieb. Diese begann, als der Homo sapiens auftrat, und sie entwickelte sich, ohne daß nennenswerte genetische Verbesserungen des Menschen dazu beigetragen hätten. Die kulturelle Entwicklung des Menschen beruhte also auf Prägungen eigener Art. Die von Darwin beschriebene biologische Evolution hört jedoch bei dem Homo sapiens nicht auf, sondern setzt sich in einem so langsamen Zeittakt fort, daß sie keinen merklichen Einfluß auf unsere Geschichte und kulturelle Entwicklung hat. Stephen Jay Gould, der die Zeitverschiebung zwischen Natur und Kultur besonders betonte, hielt deswegen jeden Versuch, die Kultur von der Natur her begreifen zu wollen, für aussichtslos. Die biologische und die kulturelle Entwicklung hätten einen so unterschiedlichen Zeittakt, daß sie nicht miteinander koordiniert und ineinander geblendet werden konnten. Allenfalls könne man versuchen, schmerzhafte Reibungen zwischen natürlicher und kultureller Entwicklung zu vermeiden.

Es hat nicht lange gedauert, bis das Bild der tröstlichen Kultur zerfiel. Spätestens Sigmund Freud hat mit diesem Glauben aufgeräumt. Er sprach 1917 in seinen *Vorlesungen zur Einführung in die Psychoanalyse* von drei «Kränkungen der Eitelkeit des Menschen», die jedes Mal von einer wissenschaftlichen Erkenntnis ausgelöst wurden: dem kopernikanischen Weltsystem, den Forschungen Darwins und seiner Mitstreiter und schließlich der Psychoanalyse. Die zweite Kränkung sei der «menschlichen Größensucht» zugefügt worden, «als die biologische Forschung das angebliche Schöpfungsvorrecht des Menschen zunichte machte, ihn auf die Abstammung aus dem Tierreich und die Unvertilgbarkeit seiner animalischen Natur verwies». Diese Umwertung habe sich «nicht ohne das heftigste Sträuben der Zeitgenossen vollzogen». Bei der Zumutung, die Darwins Theorie für die Zeitgenossen war, mag Freud auch an die sogenannte «Affenfrage» gedacht haben, die das spektakulärste Aufbegehren gegen die Evolutionstheorie war.

Ein früher deutscher Leser Darwins, Friedrich Nietzsche, ist ein Beispiel dafür, wie man Darwins Theorie ohne jede Kränkung lesen konnte. Er schreibt 1873/74 in «Nutzen und Nachteil der Historie für das Leben», jetzt sei die Menschengeschichte «nur die Fortsetzung der Tier- und Pflanzengeschichte, ja in den untersten Tiefen des Meeres findet der historische Universalist noch die Spuren seiner selbst, als lebenden Schleim; den ungeheuren Weg, welchen der Mensch bereits durchlaufen hat, wie ein Wunder anstaunend, schwindelt dem Blicke vor dem noch erstaunlicheren Wunder, vor dem modernen Menschen selbst, der diesen Weg zu übersehen vermag.» Er stehe hoch auf der «Pyramide des Weltprozesses». Und wer das neue Bild vom Leben nicht in derselben Weise lesen konnte, lernte bald, sich mit seiner animalischen Natur abzufinden und seine Eitelkeit in Kulturleistungen zu befriedigen, die er sich fraglos zurechnen konnte. Die Kränkung des Menschen in der Natur ließ sich durch die von Freud getadelte Eitelkeit offenbar verarbeiten. Man fand sich mit dem Verlust des Schöpfungsprivilegs ab und wurde dafür entschädigt durch die, wenigstens für die Zeit, die man überblickte, unzweifelhafte Überlegenheit, die zugleich biologisch fundiert und eine kulturelle Leistung war. Die Theorien, die Freud als Kränkungen der Eitelkeit der Menschen anführt, können ebensogut als Beweise der Überlegenheit des Menschen angesehen werden und das Schöpfungsvorrecht, das der Mensch verloren hatte, ersetzen. Tatsächlich sind auf diesem Wege die Kränkungen abgearbeitet worden, die Freud hervorhob. Der Mensch hatte sich jenseits der Natur ein neues Privileg geschaffen.

Darwin hat von Kränkungen oder Demütigungen des Menschen nur in seinen frühen Notizheften gesprochen. Dort wird deutlich, daß es ein existentiell grundiertes Motiv seiner Forschungen war, die geistigen und moralischen Deformationen des Menschen zu beseitigen, die eine Folge der menschlichen «Arroganz und unserer Bewunderung unserer selbst» waren. Demnach hätte Freud also den ursprünglichen Antrieb der Forschungen Darwins richtig verstanden, als er das Kränkungsmotiv herausstellte. Ob er später die Heilung dieses humanen Defekts noch für möglich hielt, bleibt ungewiß. Noch ein anderes Mal spielen Enttäuschung und Kränkung im Leben Darwins eine Rolle. Es war eine Kränkung, die er selbst erlitt, nämlich die Enttäuschung des Glaubens, den er sich unabhängig von seinen Erkenntnissen hatte bewahren wollen und der zerstört wurde, als eines seiner Kinder starb. Bis dahin hatte er seinen Materialismus mit einer konventionellen frommen Einstellung vereinbaren können und bemühte sich in seinen Veröffentlichungen, solche Kompromisse nicht unmöglich zu machen. Vielleicht war die religiöse Enttäuschung durch den Tod seines Kindes deshalb so heftig, weil er nicht die wirklichen Überzeugungen Darwins traf, sondern die Fassade, die er davor errichtet hatte. Die biologischen Einsichten Darwins zeigten im übrigen, daß es unmöglich war, die Natur in eine moralische oder religiöse Ordnung einzufügen. Vor allem erschien ihm die Natur in ihren Verfahrensweisen, etwa den Sexualpraktiken, so extrem abstoßend, daß es sich verbot, sie für eine göttliche Schöpfung zu halten. Allerdings lag darin auch ein philisterhafter Zug Darwins, da sein Gott wie ein braver Landpfarrer wirkt.

Die eigentliche Kränkung durch Darwins Theorie besteht darin, daß der Mensch nicht mehr die «Krone der Schöpfung» ist, sondern daß die Naturprozesse durch ihn hindurch gehen, er ihrer aber nie ansichtig werden kann. Mit Hans Blumenberg gesprochen, bringt die Disproportion von Lebenszeit und Weltzeit den Menschen für immer in eine Position, in der er an der Lebenszeit kein Genügen finden kann, aber von der Weltzeit ausgeschlossen bleibt. Mit der Zeit der Natur ist nicht nur eine beispiellose Erstreckung und Stabilität verbunden, sondern im selben

Maße auch die unheilbare Enttäuschung, zur natürlichen Zeit nicht aufschließen zu können, also auf ewig vom Rhythmus des natürlichen Werdens ausgeschlossen zu sein. Diese Irritation des Menschen geht tiefer als die Kränkungen, die Freud namhaft gemacht hat.

LITERATUR

Hannah Arendt: Über die Revolution. Piper Verlag, München 1963

Raymond Aron: Geschichte des soziologischen Denkens. Hauptströmungen des modernen soziologischen Denkens. Durkheim, Pareto, Weber. Rowohlt Verlag, Reinbek 1979

Bronislaw Baczko: Comment sortir de la terreur. Thermidore et révolution. Éditions Gallimard, Paris 1989

Hans Blumenberg: Die Verführbarkeit des Philosophen. Suhrkamp Verlag, Frankfurt am Main 2000

Janet Browne: Charles Darwin. Voyaging. First Volume of a Biography. Pimlico, London 1955

Janet Browne: Charles Darwin: The Power of Place. Second Volume of a Biography. Princeton University Press, Princeton und Oxford 2002

Benjamin Constant: Œuvres complètes I. Écrits de jeunesse (1774–1799). Max Niemeyer Verlag, Tübingen 1998

Benjamin Constant: De l'esprit de la conquête et de l'usurpation dans leurs rapports avec la civilisation européenne. Flammarion, Paris 1986

Charles Darwin: Voyage of the Beagle. Charles Darwin's Journal of Researches. Herausgegeben von Janet Browne und Michael Neve. Penguin Books, London 1989

Charles Darwin: The Correspondence, Band 8, 1860. The Correspondence of Charles Darwin. Herausgegeben von Janet Browne u.a. Cambridge University Press, Cambridge 1993

Charles Darwin: The Descent of Man. Einleitung von Richard Dawkins. Gibson Square Books, London 2003

Adrian Desmond und James Moore: Darwin. List Verlag, München und Leipzig 1992

Adrian Desmond: Huxley. From Devil's Disciple to Evolution's High Priest. Addison Wesley, Reading Massachusetts 1994

Adrian Desmond und James Moore: Darwin's Sacred Cause. How a Hatred of Slavery shaped Darwin's Views on Human Evolution. Houghton Mifflin Harcourt, Boston und New York, 2009

Henri Dunant: Eine Erinnerung an Solferino (1862). Eigenverlag des Österreichischen Roten Kreuzes, Wien 1997

Susan Dunn: «Regicide, Passion, and Compassion». History and Theory, 28. Jg. 3, 1989

Joseph J. Ellis: American Sphinx: The Character of Thomas Jefferson. Alfred A. Knopf, New York 1997

The Federalist Papers (1787/88). Übersetzt, eingeleitet und

mit Anmerkungen von Barbara Zehnpfennig. Wissenschaftliche Buchgesellschaft, Darmstadt 1993

Sigmund Freud: Vorlesungen zur Einführung in die Psychoanalyse (1917). Gesammelte Werke, Band 11. S. Fischer Verlag, Frankfurt am Main 1999

François Furet: Die französische Revolution. S. Fischer Taschenbuch-Verlag, Frankfurt am Main 1997

François Furet und Mona Ozouf: Kritisches Wörterbuch der Französischen Revolution. Zwei Bände. Suhrkamp Verlag, Frankfurt am Main 1996

Arnold Gehlen: Moral und Hypermoral. Eine pluralistische Ethik. Athenäum Verlag, Frankfurt am Main und Bonn 1969

William James: The Will to Believe and Other Essays in Popular Philosophy (1897). Dover Publications, New York 1956

André Jardin: Alexis de Tocqueville. Leben und Werk. Campus Verlag, Frankfurt/New York 1991

Louis Menand: The Metaphysical Club. A Story of Ideas in America. Farrar, Straus and Giroux, New York 2001

Jules Michelet: Histoire de la révolution française (1847–1853). Éditions Gallimard, Bibliothèque de la Pléiade, Paris 1952

Jürgen Osterhammel: Sklaverei und die Zivilisation des Westens. Carl Friedrich von Siemens-Stiftung, München 2000

Charles S. Peirce: Selected Writings. Values in a Universe of Change. Dover Publications, New York 1966

Charles S. Peirce: Das Denken und die Logik des Universums. Die Vorlesungen der Cambridge Conferences von 1898. Suhrkamp Verlag, Frankfurt am Main 2002

Richard Rorty: Kontingenz, Ironie und Solidarität. Suhrkamp Verlag, Frankfurt am Main 1989.

Arthur Schopenhauer: Preisschrift über die Grundlagen der Moral (1840). Sämtliche Werke, hrsg. von Wolfgang Frhr. Von Löhneysen, Band 3. Suhrkamp Verlag, Frankfurt am Main 1986

Arthur Schopenhauer: Der handschriftliche Nachlaß. Herausgegeben von Arthur Hübscher. Band 1. Frühe Manuskripte (1804–1818). Deutscher Taschenbuch Verlag, München 1985

Friedrich Sieburg: Robespierre. Mensch, Revolutionär Diktator (1935). Ullstein Verlag, Berlin 1993

Stendhal: Rot und Schwarz. Chronik aus dem 19. Jahrhundert. Carl Hanser Verlag, München und Wien 2004

Dolf Sternberger: Panorama oder Ansichten vom 19. Jahrhundert (1938). Insel Verlag, Frankfurt am Main 1981

Alexis de Tocqueville: Über die Demokratie in Amerika (1831, 1840). Manesse Verlag, Zürich 1987

Alexis de Tocqueville: «L'Émancipation des esclaves». Œuvres complètes, III. Écrits et discours politiques. Paris 1962

Alexis de Tocqueville: Souvenirs (1850). Mit einem Vorwort von Claude Lefort. Éditions Gallimard, Paris 1964

Dennis Wood: Benjamin Constant. A Biography. Routledge, London und New York 1993

Abbildungsnachweis

Seite 13 Léon Cogniet: «Szene von der Ermordung der Unschuldigen» © Bridgeman Art Library/Giraudon

NAMENREGISTER

Philosophie bei C.H.Beck

Henning Ritter
Nahes und fernes Unglück
Versuch über das Mitleid
2. Auflage. 2005. 224 Seiten. Leinen

Henning Ritter
Die Eroberer
Denker des 20. Jahrhunderts
2008. 222 Seiten. Gebunden

Kwame Anthony Appiah
Eine Frage der Ehre
oder Wie es zu moralischen Revolutionen kommt
Aus dem Englischen von Michael Bischoff
2011. 270 Seiten mit 1 Abbildung. Gebunden

Kwame Anthony Appiah
Der Kosmopolit
Philosophie des Weltbürgertums
Aus dem Englischen übersetzt von Michael Bischoff
2009. 222 Seiten. Paperback
Beck'sche Reihe Band 1881

Amartya Sen
Die Idee der Gerechtigkeit
Aus dem Englischen von Christa Krüger
2010. 493 Seiten. Leinen

Dieter Henrich
Werke im Werden
Über die Genesis philosophischer Einsichten
2011. 216 Seiten. Leinen

Verlag C.H.Beck München